中部国際空港

2 本目の滑走路の整備が期待される

わが国の表玄関・成田国際空港
現在，３本目の滑走路の工事が進む

JAPAN AIRLINES
JAPAN AIRLINES
AIRBUS
A350

東京国際空港（羽田空港）

2029 年の完成を目指し，新庁舎建設が予定されている

那覇空港新管制塔

滑走路増設に伴い整備された新管制塔　提供：大阪航空局

建設中の福岡空港新管制塔

現行の 3 倍となる約 100m の新管制塔となる見込み

提供：大阪航空局，㈱梓設計，大成建設㈱

青森空港

標高 198m の山腹に位置する本州最北端の空港

能登空港（のと里山空港）

道の駅「能登空港」を併設し観光拠点としても機能　提供：石川県観光連盟

八尾空港

主滑走路と副滑走路を斜めに交差する「インターセクション滑走路」

福岡空港

急増する航空需要に対応するため機能強化が着々と進む　提供：福岡市

スマートレーン
スマートレーンの導入により手荷物検査の高速処理が可能となった　提供：日本航空㈱
日本空港ビルデング㈱，日本航空㈱協力の下，撮影

トキエアが使用する ATR72-600
新潟空港を拠点に札幌や仙台，中部，神戸の各空港へ就航予定

交通ブックス 307

岩見宣治
長谷川武　共著

新訂 空港のはなし

交通研究協会発行
成山堂書店発売

新訂まえがき

戦後わが国の経済発展を支えた空港は，一時期他の公共事業と同様に造りすぎたのではとの批判にさらされる時代があった。公共交通機関の一つとして国内・国際交通を支える空港は装置であり，航空機が就航し，人・物が動いて初めて機能するものである。その意味では，空港によっては一時期需要が低迷し，その存在価値を問われた時代があったのは事実であろう。

航空需要は時の経済状況やテロといった不測の事態を反映し多少変動するものの，大きくは右肩上がりで増加し，地域経済のそしてわが国全体の経済発展に寄与してきた。特に国際航空需要は，2018年まではわが国への入国者の急激な増加もあり，国内線需要とともに過去最大を記録した。しかしながら2019年に発生した新型コロナ禍は，我々の社会生活を一変させ，航空需要は大きなダメージを負うことになり，一時期，利用者のいない空港を目にすることになった。

筆者は1984年に運輸省（現国土交通省）入省以来そのほとんどの時間を空港の計画，整備，運用の業務に費やし2019年4月1日に退官しているが，『空港のはなし』はさまざまな場面で活用してきた。この新訂版は，わが先輩である岩見さん（初版及び2訂版の筆者）から依頼があり快諾したことから始まるが，その最初の段階は2020年4月から6月，ちょうど新型コロナ禍の緊急事態宣言が発せられ外出もままならなくなり，その影響がどうなるか先行きが見えない時期であった。その後2022年秋から最終的な原稿執筆を行っているが，国際線の入国規制の撤廃が決まり需要回復への期待が高まる中進めたところである。

第2版の著者である渡邉正己さんは，2017年9月12日にご逝去された。空港計画を中心に空港全般にわたる知識が豊富で，第2版での改訂において中心的な役割を果たされた。今回の改訂は，渡邉様のご遺志も引き継ぐものであるが，空港を取り巻く環境が大きく変化する中，空港の計画，整備を中心に書かれていた2訂版に対し，この新訂版では関係する情報の時点修正を行うとともに，空港の運用・経営について新たな情報を追加している。2018年9月，高潮により空港施設が冠水した台風21号の被害を踏まえた空港における対応や，空港コンセッションの進展，さらには最近の空港整備について追加し，主に新型コロナ禍の影響が出始める2019年以前の動きを中心に，広く空港について解説を試みている。

本書は多くの方に読んで頂きたい空港の入門書であること，また紙面の関係から，必ずしも詳細な説明ができなかったところがあるため，興味を持たれた方は是非次の段階へ進んで頂ければと思う。また本格的な執筆は初めての取り組みでありさまざまな困難に直面したが，出版社の小川社長ならびに編集の方の継続した支援や多くの皆様のご協力，ご支援もあり出版の日の目を見ることになった。この場を借りて感謝の言葉を述べさせて頂きたいと思う。また併せて渡邉様のご冥福をお祈りします。

2023年3月

長谷川　武

目　次

新訂まえがき

序章　わが国の航空輸送

1　民間航空の始まり ……………………………………………1
2　国際航空輸送の発展 …………………………………………3
1．国際航空旅客　3
2．国際航空貨物　6
3．航空輸送の自由とオープンスカイの実現　8
4．訪日外国人の増加　11
3　国内航空輸送の発展 ………………………………………… 13
1．国内航空旅客　13
2．LCC の台頭　17
4　国内航空貨物 ………………………………………………… 20

第 1 章　空港の基礎知識

1-1　空港とは？（空港と飛行場） ……………………… 22
1-2　空港アラカルト ……………………………………… 26
1-3　空港の機能 …………………………………………… 39
1-4　空港システム ………………………………………… 41
1．航空システムを構成する 3 つのサブシステム　41
2．空港システムの前提　43
3．プロバイダとレギュレーター　45
4．空港システムを構成する業務　48

第 2 章　航空機の運航に関連する施設・業務

2-1　滑走路 ………………………………………………… 51
1．滑走路長　51
2．滑走路方位　53
3．滑走路の本数と配置　54
2-2　着陸帯，過走帯，滑走路端安全区域 ……………… 59

2-3　空港の制限表面 …………………………………… 61
2-4　誘導路 …………………………………………… 63
2-5　滑走路・着陸帯，誘導路の設置基準 ………… 66
2-6　エプロン ………………………………………… 68
1．エプロンの種類　68
2．駐機方式　71
3．エプロンの計画基準　73
2-7　航空機の運航を支援する施設 ……………… 74
1．航空保安施設　74
2．航空機に対する地上支援業務　78

第３章　旅客・貨物を取り扱う施設

3-1　空港ターミナル地域 ………………………… 82
3-2　旅客ターミナルビル ………………………… 89
1．旅客ターミナルビルの構成と規模　89
2．旅客ターミナルビルの計画と設計の要点　93
3-3　貨物取扱施設 …………………………………… 99
1．航空貨物の輸送　99
2．貨物取扱施設　101
3．航空貨物のセキュリティ　104
3-4　アクセス施設 ……………………………………104
1．道路・駐車場　105
2．鉄道施設　108
3．海上アクセス施設　110
4．空飛ぶクルマ　111

第４章　空港管理

4-1　空港管理施設 ……………………………………112
4-2　消防施設 …………………………………………113
4-3　空港施設の維持管理 ……………………………115
4-4　供給処理施設 ……………………………………116
4-5　発生する事案への対応 …………………………118
1．発生した事案　119
2．A2-BCP　122

第５章　空港整備の沿革

5-1　空港整備の始まり ……………………………………………125
1. 航空機のジェット化と大型化　125
2. 航空機騒音への対応　129
5-2　整備から運営へ ………………………………………………130
1. 空港整備の制度　130
2. 空港整備法と空港法　131
3. 空港整備特別会計，社会資本整備特別会計，自動車安全特別会計(空港整備勘定)　136
5-3　管理運営主体 …………………………………………………137
5-4　空港コンセッション ……………………………………………138
1. 空港コンセッションの概要　139
2. 空港コンセッションの展開状況　141

第６章　空港計画と建設

6-1　空港計画の手順 ………………………………………………146
1. 構想段階　147
2. 計画段階　150
3. 建設段階　153
6-2　航空需要予測 …………………………………………………155
6-3　費用対効果分析 ………………………………………………158
6-4　空港建設技術 …………………………………………………160
1. 大水深の埋め立て技術　161
2. 軟弱地盤の改良技術　163
3. 山岳地の用地造成技術　165
4. ハイブリッド構造による滑走路建設技術　166

第７章　最近の空港整備

7-1　首都圏空港の機能強化 ………………………………………171
1. 羽田空港の機能強化　172
2. 成田空港の機能強化　175
7-2　新千歳空港の機能強化 ………………………………………177
1. 南側連絡誘導路の整備　177

2. 誘導路の複線化及びデアイシング施設の追加　178
7-3　福岡空港の機能強化 ……179
1. 東側ターミナル地域の再編事業　179
2. 奈多ヘリポートの整備　181
3. 滑走路増設事業　182
7-4　那覇空港の機能強化 ……183
7-5　離島空港（小笠原空港の検討） ……187

終章　空港にまつわる最近の話題

1　カーボンニュートラルへの取り組み……189
1. 政府目標の設定　189
2. 航空局の動き　189
3. 関係者の動き　190
2　空飛ぶクルマ ……190
3　これからの空港 ……191
1. 航空機騒音への対応　194
2. 除雪　195
3. 無人化・自動化　197
4. セキュリティチェック　197
5. 情報提供　199
6. ユニバーサルデザイン　200

おわりに

参考文献 ……204
索　　引 ……205

※本書に掲載する写真と図表などの資料は注記がない限り，国土交通省の提供あるいは，同省の資料をもとに筆者が作成したものである。

序章　わが国の航空輸送

1　民間航空の始まり

わが国の民間航空輸送の歴史の始まりは意外に早く，1922 年に日本航空輸送研究所が水上飛行機により大阪（堺）―徳島・高松間の定期便を就航させたのが最初だとされる。陸上飛行機による最初の定期便の開設はその翌年 1923 年，東京（立川）―（浜松経由）―大阪間の路線であった。1927 年には国の補助金を得た国策航空会社である日本航空輸送株式が設立され，1929 年から東京―大阪―福岡―京城―大連便の運航が開始された。フォッカー・スーパーユニバーサル機を使用して，週 3 ～ 12 往復，旅客定員は 6 名，東京―大阪間の所要時間は 6 時間弱であったとのこと。細々ながらもようやくわが国の民間航空が芽生えた時期といえよう。ライト兄弟が人類初の動力飛行に成功したのが 1903 年のことであるから，その 20 年後には極東のわが国でこのような民間航空輸送が開始されたことはまことに驚くべき航空技術の進歩と伝搬の速さである。

写真 序-1　中島フォッカー・スーパーユニバーサル旅客機

提供：富士重工㈱

現在の羽田空港の地に東京飛行場が建設されたのもこの時期で 1931 年のことである。滑走路は長さ

300m，幅 15m，飛行場の面積は 52.8ha と小さなもので，8 月 25 日の早朝に第 1 便を大連へ送り出している。その後，新潟，富山，松江，札幌などの地方路線にも航空便が開設され，1938 年には DC3 など大型双発機に対応するため滑走路を 800m の 2 本へと飛行場を拡張，東京―台北―広東―ハノイ―バンコクの国際線も開設されることになるが，不幸にも時代は第二次世界大戦に突入し，民間航空もその幕を閉じることとなった。

敗戦後，連合軍総司令部（GHQ）の統治下において，わが国の一切の航空活動が禁止された。1945 年 9 月 21 日，GHQ は海老《えび》取《とり》川以東に住む羽田の住民に対し 48 時間以内に立ち退くよう命令，東京飛行場は隣接する土地とともに接収された。飛行場は HANEDA ARMY AIR BASE と名前を変え，24 時間連続の突貫工事により瞬く間に 1,676m，2,133m の滑走路を持つ大規模な飛行

写真 序-2　返還前の羽田空港
若い兵士が見つめる先には今日，国際ターミナルが広がる
撮影：横山宗一郎氏

場へと拡張されている。飛行場は米空軍輸送部隊が活動の拠点とするが，外国航空会社も乗り入れており，ごく限られた人々に利用されていた。わが国の本格的な民間航空のスタートは，本邦航空会社が運航を再開する1951年まで待たなければならなかった。

2　国際航空輸送の発展

1. 国際航空旅客

わが国の国際航空輸送は，1975年度の時点では国際旅客数は1,000万人に満たなかったが，図序-1のとおり2018年度の実績は10,239万人と1億人を突破するに至っている。その間，2001年の米国同時多発テロやその後のイラク戦争，SARS問題による影響，2007年に端を発した世界的金融危機や東日本大震

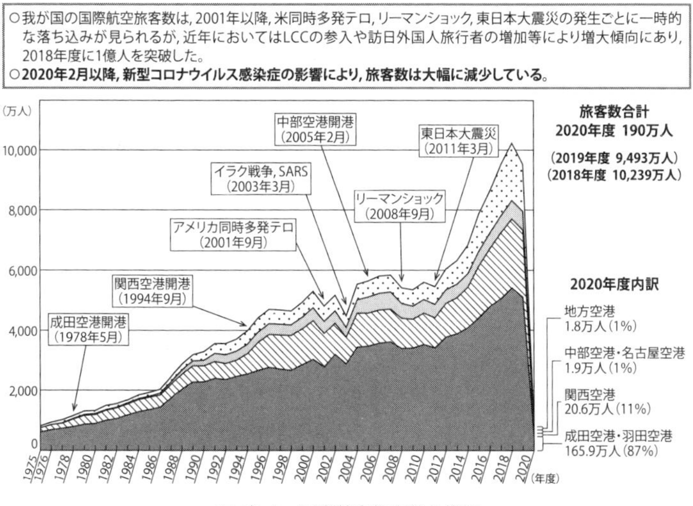

図 序-1　国際航空旅客数の推移

国土交通省資料より作成

災の影響を受け利用者数は一時的に減少する時期もあるが，長期的には拡大してきたものである。

これはわが国の経済活動が国際的に急激に拡大したこと，さまざまな国際交流が進展，海外への観光旅行が飛躍的に増大したことが要因であるが，その背景には，本邦航空会社による国際線輸送の拡大があり，これを支えた航空機の技術革新も大きな要因である。

写真 序-3　エアフランスの B707
撮影：1960 年羽田にて Mel Lawrence 氏

本邦航空会社による国際線輸送は，日本航空が独占していたが，1986 年の全日空の成田—グアム線，1988 年の日本エアシステムの成田—ソウル線への国際定期便の就航により幕を閉じることになる。この頃から，航空会社間の競争も相まって日本人の海外旅行者数が急激に増加し始め，1985 年に 500 万人程度であったものが 10 年後の 1995 年には 1,500 万人に

写真 序-4　日本航空 DC8
撮影：1976 年羽田にて Erik Bentsen 氏

写真 序-5　全日空 B727 と旧管制塔
撮影：1966 年羽田にて Mel Lawrence 氏

達した。毎年 10% を超える伸び率で急成長したことになり，まさに高嶺の花であった海外旅行が庶民の手の届くところまでに降りてきたものである。

一方，航空機の技術革新，すなわちジェット機の就航も需要拡大の大きな要因である。世界の航空界が本格的なジェット機による大量輸送時代に入ったのは，ボーイング B707 やコンベア CV 880 などのいわゆる第 1 世代のジェット機が就航し始めた 1950 年代後半である。わが国でも日本航空が 1960 年に東京―サンフランシスコ線にダグラス DC8 を就航させた。その後 1960 年代半ばに登場した B727 や DC9 などの第 2 世代の中・小型ジェット機を経て，1970 年代早々から一気に航空機の大型化が進み，第 3 世代の B747，DC10，L1011，A300 などのワイドボディ（広胴型）ジェット機が航空輸送の主役に躍り出てきた。このような技術革新は，国際線の長距離フライトを実現するとともに，1 機で 300 ～ 400 人もの旅客を運ぶ大量輸送時代が航空運賃の低下をもたらし，旅客数の増大をさらに後押しすることになった。またその後，エコノミークラスなら 600 人が乗

写真 序-6　A350

提供：日本航空㈱

写真 序-7　B737

提供：全日本空輸㈱

れるA380のような大型機材が就航する一方で，路線需要に効率的に対応するためにB787，A350といった中型機やB737，A320といった小型機の開発・導入も進むことになる。

国際航空旅客の最近の動きとしては，2012年度以降急激な増加を記録している。これは，訪日外国人の急激な増加によるものであるが，その背景には羽田空港への32年ぶりとなる本格的な国際線就航や地方空港の国際化の進展があり，2018年度に過去最高を記録した。その後，新型コロナウイルス感染症の影響を受けて2020年4月，5月には国際線の便数が95%を超えて減便され，需要の急速な縮小が進み，閑散とした空港を目にすることになるが，2022年10月からの本格的な入国制限の緩和により国際航空旅客も回復の兆しを見せ始めている。

2. 国際航空貨物

急成長を遂げてきた国際航空貨物輸送もまた，旅客需要同様に2007年に端を発した世界的金融危機の影響により伸びは停滞している。かつて成田空港は，わが国の国際貨物の窓口として世界最多の取扱量を誇っていたが，その座を明け渡して久しい。2本目の滑走路供用など能力向上に時間を要したことも無縁ではないかもしれないが，それでも2019年には約204万トン（東京税関の速報資料による）とわが国の国際貨物量の約55%を取り扱い(航空局管理状況調書による)，金額ベースでいえば海運を含めたすべての港の中で輸出輸入とも国内第一の貿易港となっている。輸出品目では半導体製造装置，半導体電子部品，科学光学機器といった精密機器，医薬品等の化学製品に加え，量的には少ないも

○我が国の国際航空貨物取扱量は，2001年の米同時多発テロや2008年のリーマンショックによる落ち込みから回復し，近年は増加傾向にあったものの，2017年度をピークに大規模自然災害の発生や米中貿易摩擦の影響等により減少に転じ，2020年は新型コロナウイルス感染症の影響によりさらに減少。
○首都圏空港（羽田空港と成田空港）の航空貨物取扱量は全体の7割を占めている。

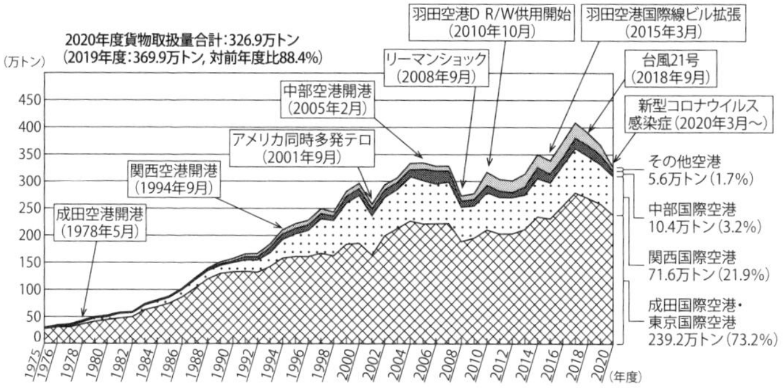

図 序-2　国際航空貨物取扱量の推移

国土交通省資料より作成

ののファッション関係から生鮮食料品まで多様化が進んでいる。2004年のピークの後若干減少していたものの2017年に向け回復基調であったが，その後多少減少傾向にある。重量ベースではほんのわずかな量であるが，金額ベースで比較すれば航空貨物のシェアは4分の1程度に上昇する付加価値の高い貨物であることがわかる。

2019年以降新型コロナ禍の影響により旅客需要は大きく減少したが，国際航空貨物は多少の落ち込みはあるものの堅調に推移している。国際航空貨物は，フレーターと呼ばれる貨物専用便に加え旅客便のおなかの部分を利用したベリーカーゴとで輸送される。新型コロナ禍の影響で世界各地の港の処理能力が低下する中，既存のフレーターだけでは輸送できず，旅客便の座席を活用して国際貨物を運ぶといった対応もなされている。国際航空貨物の需要は，旅客が低迷する航空会社の経営を下支えすることになったところである。

3. 航空輸送の自由とオープンスカイの実現

航空需要はさまざまな要因で増加・減少するが，特に最近の急成長を支えた背景のうち，①航空輸送の自由とオープンスカイの実現及び②訪日外国人の増加について，解説を加えたい。

航空業界には「航空輸送の自由」と「オープンスカイ」という言葉がある。これらは航空会社が路線を選定し定期便等を就航させる際の検討の前提条件となるものであるが，「航空輸送の自由」はある国の航空会社が運航する航空機が別の国の領空内でどのような行動が取れるかについて定めた商業航空権の集まりであり，シカゴ条約（1944 年の国際民間航空条約）で取りまとめられている。一方「オープンスカイ」は，従来二国間の航空協定で定めていた乗り入れ先や便数（増便等変更する場合には再度協定の変更が必要）について，空港等の制約が許すのであれば乗り入れ地点，便数等について制限なく選択が可能で自由にルートを設定することができるというもので，航空会社の経営上の判断で，ある意味自由に路線の追加等が可能となり利用者へ利益が還元されるというものである。

(1) 航空輸送の自由

航空の自由は 9 つの権利で構成されるが，第 1 は相手国の上空を通過する権利であり，これが得られないことには大きく迂回して飛行経路を設定せざるを得ないこととなる。第 2 は給油や整備のために相手国に乗り入れる権利である。第 3 は自国で積

第1の自由
相手国領域を無着陸で
横断飛行する

第2の自由
給油, 整備など技術的
目的で相手国に着陸する

第3の自由
自国で積み込んだ旅客
貨物を相手国で降ろす

第4の自由
相手国から自国へ向かう
旅客, 貨物を相手国で積
み込む

第5の自由
第三国へ向かう旅客, 貨物
を相手国で積み込む
または第三国からの旅客
貨物を相手国で降ろす

第6の自由
自国を経由し, 相手国から
第三国へ向けて行う
または第三国から自国を
経由し相手国へ行う輸送

第7の自由
相手国と第三国の間の輸送

第8の自由
自国からの路線の延長上で
相手国内の輸送を行う

第9の自由
相手国内の輸送を行う

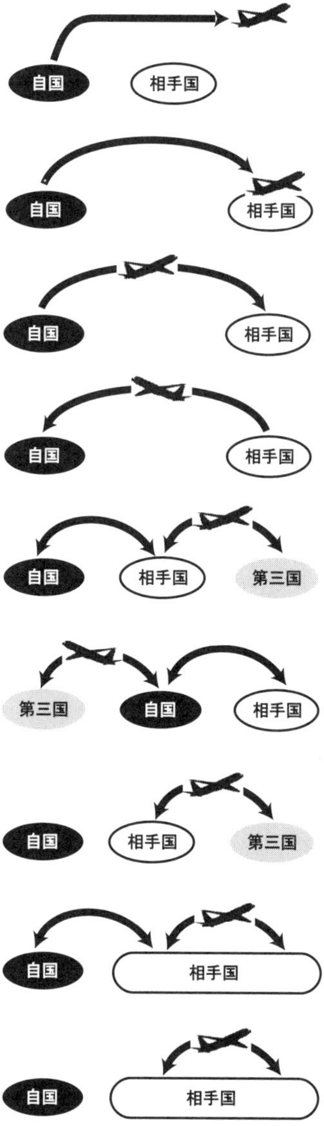

図 序-3　航空輸送の９つの自由

み込んだ旅客や貨物を相手国で降ろす権利である。ここまでは基本的な航空輸送に必要となる権利であり，これらが得られなければ国際航空輸送は成り立たない。4番目は相手国で旅客や貨物を搭載する自由である。5番目は自国を出て相手国を経由してさらに第三国へ向かう運航を行う自由であり，一般に「以遠《いえん》権」と呼ばれるものである。第6は相手国より自国を経由し第3国に向かう自由である。第7は相手国と第三国を輸送する自由。第8は自国から相手国に向かい，相手国内で輸送する自由。第9は相手国内で国内運航を行う自由でカボタージュ（Cabotage：国内航空権）と呼ばれるものである。たとえば，海外の航空会社が羽田と千歳間を国内運航することがこれに該当するものである。

航空市場がいち早く成熟し，自由化の先鞭をつけた米国においても，すべてが自由化されているわけではない。自国の航空会社にとっては厳しい競争にさらされるわけであり，自国産業の育成，保護という観点からは賛否両論あるものである。

(2) オープンスカイの進展

EU域内では，EU加盟国の航空会社が相互に第9までの自由を行使できるオープンスカイを実現している。EU加盟国，すなわちシェンゲン協定を締結した国の間ではEU域外の人の入国管理の手続きが最初に入国した国のみで行われることになっており，EU域内での移動の自由度が増し便利になっている。

日本においては，2010年10月のアメリカとの協定締結以降，33の国・地域との間にオープンスカイ協定を締結している。主な内容は成田空港における二国間輸送の自由と地方空港における以遠権の設定であり，外国航空会社が最も乗り入れたいと考える

○LCCは，期首時点において24社が運航し，全体で1,251.5便/週。19夏期比で395.5便/週減少。特に，韓国社が－444便/週と大幅に減少。中国社が35.5便/週，タイ社が11便/週と増加，本邦社が－11便/週と減少。

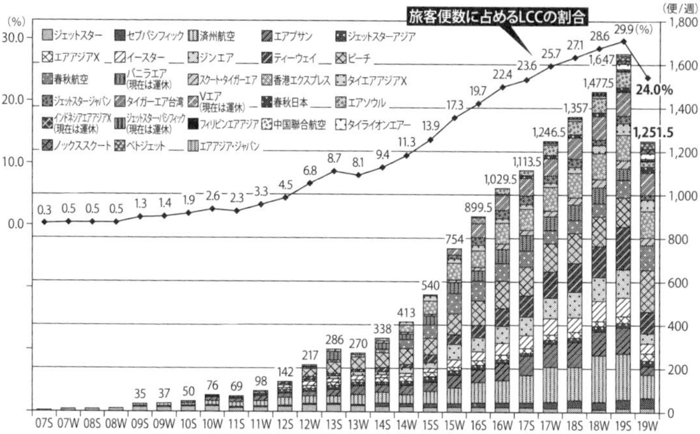

図 序-4　国際線便数及び LCC 比率の推移

羽田空港については依然として制約がある状況である。それでも，①LCC 便数の増加，②東南アジアからの便数増加，③地方都市への便数増加が進み，日本全体の国際線便数は増加傾向を示している。

4．訪日外国人の増加

わが国の国際航空旅客は 2012 年以降大きな伸びを示しているが，その一つの要因が訪日外国人の大きな伸びである。日本人出国者数は伸び悩む中，訪日外国人は伸び続け，2015 年には日本人出国者数を超え，（新型コロナ禍までは）さらに伸び続け，その伸び率は年間 30% を超えるものであった。

このような大幅な増加の背景には，政府として推進している施策「明日の日本を支える観光ビジョン」が重要な役割をしている。

観光をわが国の経済再生の柱の一つとしてとらえ，単に訪日するだけでなくわが国での消費拡大も目論むものであり，航空会社，鉄道事業者，バス事業者等の交通事業者，旅館・ホテルといった宿泊業から土産物屋，食堂等々非常に広い分野にわたり，かつ，2次3次と広い裾野にまで裨《ひ》益《えき》するものである。

図 序-5は，出国日本人と入国外国人の推移を示しているが，2011年以降一貫して増加を続け2014年には入国外国人の数が出国日本人の数を逆転するに至っている。また従来から入国者数が多かった中国，韓国，香港及び台湾に加え，近年はタイ，フィリピン，マレーシア，ベトナムといったその他のアジアの国からの入国が増加していた。

2018年に策定した明日の日本を支える観光ビジョンの目標は，訪日外国人を2020年に4,000万人，2030年には6,000万人に増加させるものである。実際，新型コロナ禍に見舞われる前の

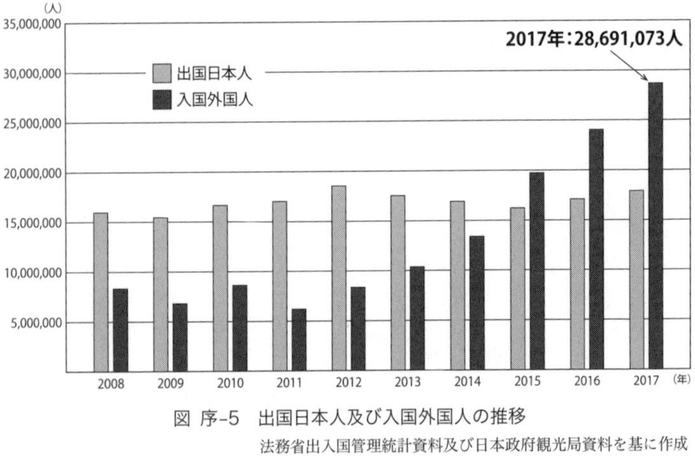

図 序-5　出国日本人及び入国外国人の推移

法務省出入国管理統計資料及び日本政府観光局資料を基に作成

2019 年までは，広く日本各地で外国人観光客を見かけていた。このところ街中や電車の中で外国人観光客の姿を見かけるようになってきたが，今後新型コロナへの対応が成熟する中，早期に需要が回復することを期待するところである。

3　国内航空輸送の発展

1．国内航空旅客

図 序-6 に見るように，増大を続けてきたわが国の国内航空需要は，長引く世界的な経済不況に東日本大震災の影響が加わり 2011 年には大きく減少したが，その後これを脱却，2017 年には国内旅客は約 10,212 万人へと大きく増大した。旅客数に移動距離を乗じた輸送人キロは約 1,300 億 km に至り，国民すべて

○我が国の国内航空旅客数は，2008年のリーマンショック等による世界的な景気後退，2011年の東日本大震災の影響を受け減少傾向であったが，その後のLCC参入等により増加に転じ，2017年度に1億人を突破した。
○**2020年2月以降，新型コロナウイルス感染症の影響により，旅客数は大幅に減少している。**

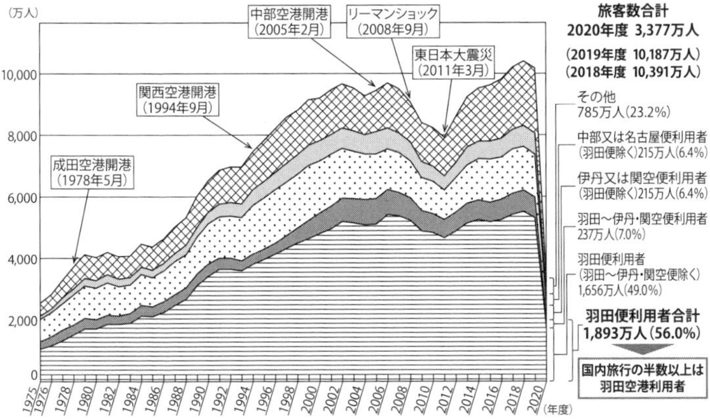

図 序-6　国内航空旅客数の推移

航空輸送統計年報より航空局作成

が東京―岡山間に相当する1,030kmほどの空の旅を楽しんだ計算となる。過去には一部の人々の利用に限られた乗り物であった航空機が，今や間違いなく人々のビジネスや生活に欠かせない交通機関となっている。航空輸送は1960年代後半から年平均伸び率が10%を超えるほどの急成長を遂げて，今日の大量航空輸送時代に至っている。この顕著な伸びは，いうまでもなくわが国の急速な経済発展により交通機関の総流動の増加したことによるが，この他にもいくつか航空に特徴的な要因が考えられる。

その第1は鉄道旅客の航空へのシフトである。わが国の鉄道網は極めて稠密で高質のネットワークが整備されており，1970年頃までは長距離輸送含めて鉄道の独壇場であった。経済活動の活発化，高速化，全国隅々への伸展に伴い，鉄道利用では1日かかる移動時間を数時間に短縮できる航空へと転換が進んだ。図序-7に示すように東京から九州・北海道のような1,000km以上の距離帯では航空のシェアは1965年に14.7%に過ぎなかったものが78年には68.2%に達した。また東京から中国・四国あるいは東北北部のような750kmから1,000kmの距離帯でも航空へのシフトが進み，同様に5.6%から31.4%へとそのシェアを伸ばしている。またこの傾向は乗り換えが必要な海越え，山越え路線においてさらに著しい。新幹線網が発達し高速が高速化を実現してきた近年においても航空のシェアは徐々に拡大しており，図序-8に見るように1,000kmを超える移動においては87%，700kmから1,000kmの移動においても43%のシェアとなっている。

第2の要因は，航空運賃の低廉化である。航空運賃は諸物価

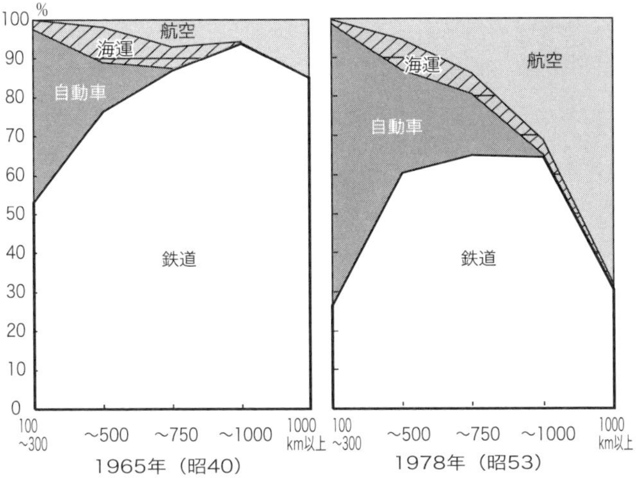

図 序-7　距離帯別交通機関分担率の推移

運輸白書により作成

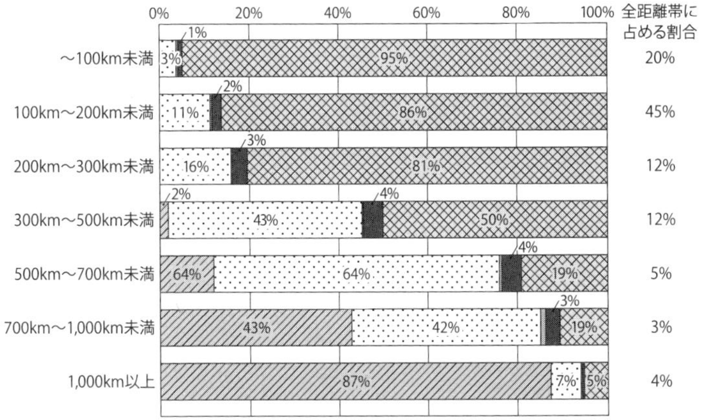

図 序-8　距離帯別代表交通機関別分担率（年間）

出典：第 6 回（2015 年度）全国幹線旅客純流動調査

の高騰に比較して相対的に値上がりが低く，このことが航空需要を押し上げてきたといえる。割安運賃の新規航空会社の参入や特割・早割などの低価格運賃の導入は鉄道からの転換需要だけでなく，新たな需要の掘り起こしも含め航空需要を喚起しているようである。

第3の要因は，利便性と快適性の向上である。国内線にジェット機が導入されたのは1961年の日本航空のコンベアCV880による東京―札幌線が最初であるが，その後順次拡大され，地方路線では66年に東京―宮崎線に全日空のB727が就航を開始した。ジェット化による高速化と所要時間の短縮が一層進み，ビジネス客の日帰り圏が広がるとともに，旅行の快適性も向上した。また1972年には全日空がロッキードL1011を東京―沖縄線に就航させたのを皮切りに，B747やDC10などの大型機が続々と幹線から主要地方路線にも投入され輸送能力は高まった。ところが2000年代に入ると，航空機のダウンサイジングが始まる。大型機による効率的な輸送も路線によっては空席が十分埋まらず，原油価格の高騰も相まって，大型機の一括大量輸送時代から燃費の良い小型機による多頻度運航へとシフトすることになる。国内航空ネットワークの要であった羽田空港の発着容量が拡大した2010年以降はこの傾向が顕著にみられ，B747やMD11などの大型ジェット機の比率は減少し，新たな世代のB737，A320などの小型ジェット機の運航比率が大きく上昇している(図序-9)。多頻度化により都合の良い時間帯に利用できる便利さは実移動時間を短縮し，利便性の一層の向上に大きく寄与している。

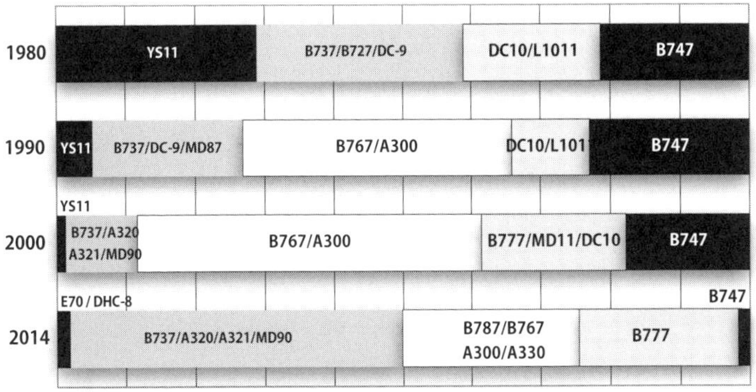

図 序-9　羽田空港における機材構成の推移

2. LCCの台頭

世界的な経済不況と東日本大震災からの影響から抜けやらぬ2012年，ようやくわが国にもLCC（格安航空会社）が誕生，運航を開始した。ピーチ・アビエーションとエアアジア・ジャパン(2013年11月よりバニラ・エア，2019年10月運航終了)，ジェット・スター・ジャパンである。関西空港，成田空港を基地として首都圏，関西圏から新千歳，福岡，那覇といった高需要の路線へ相次いで就航し，路線網を広げていった。破格の料金は話題となり，利用者が急増し，低迷していたわが国の航空事業に活力を与えている。2015年10月には，関西空港発の国内線便数では実にLCCが58％を占めるに至り，日増しに存在感を増しつつある。

LCCは，低価格を武器にFSA（Full Service Airline：従来型航空会社，Legacy Carrierと称される）から旅客を奪うのではなく，新たな利用者層を作り出し，潜在需要を掘り起こしている。

これまで航空機を利用した旅行を経験することがなかった人が手軽な料金に惹かれ利用しているのである。

海外ではすでにLCCのシェアは全航空旅客の30%から40%を占めるに至っており，航空ネットワークはLCC抜きには成立しがたいところに来ている。安い料金で旅行費用を節約するするのかと思いきや，節約した航空運賃を，宿泊や食事のグレードアップ等旅行を楽しむ工夫に回している方も多いとのこと。聞けば札幌の人が沖縄へ旅行する際に，あえて新千歳空港から成田空港を経由する沖縄へのLCCを選び，乗り継ぎの成田で一泊してディズニーランドを楽しむ費用を捻出したそうである。LCCは費用の節約効果のみならず，旅行の幅を広げることにもつながっている。欧州のFSAでは，LCCの低価格に対抗するためにサービスを限定し，別料金とすることなどにより航空運賃を細分化し，基本料金をLCCと大差ないようにする航空会社が現れている。LCCのポイントは，機材を単一化し整備コストを下げること，簡素なターミナルビルをベースに運航すること，駐機時間を短く航空機の稼働率を高めること，手荷物受託，座席指定などを別料金とするなど，これまでは当然のことであったサービスを切り分け，必要とする客のみに限定することにより低価格を実現している。

図序-10は2015年10月時点の成田空港と関西空港及び首都圏と関西圏の国内線便数に占めるLCCの割合を示している。関西空港のLCCは早朝の出発，深夜の到着と24時間運用の利点を生かし路線を拡大し，関西空港の国内線におけるLCCの便数は半数を占めるに至った。LCCの就航していない伊丹空港の便

写真 序-8　簡素なLCCターミナル：関西ターミナル2（左）と成田ターミナル3（右）

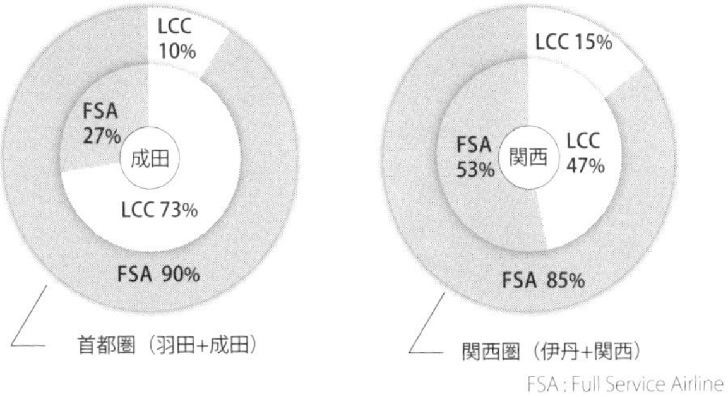

図 序-10　首都圏，関西圏に占める国内LCC便数の割合（2015年10月）

数と合わせ関西圏として見ても15%程度までLCCのシェアは成長している。一方国際線中心で国内路線の少なかった成田空港では，LCCによる地方路線の開拓がネットワークを拡大し，国内線におけるLCCの便数シェアは約70%に急成長した。しかしながら羽田空港と合わせて首都圏全体で見るとLCCのシェアは10%程にとどまっている。国内全空港で2014年度にLCCを利用した航空旅客は8%であり，さらなる拡大が期待されている。

わが国の国内航空路線は，ネットワークといいつつも欧米のように網のように広がるのではなく，縦に3,000kmと細長い国土を札幌，東京，大阪，福岡そして沖縄と飛ぶ航空幹線を中心に南北に広がる。現在の国内LCCの路線は，関西空港と成田空港をベースに千歳，福岡，那覇といった幹線を中心に，低価格を武器

写真 序-9　トキエアが使用する ATR72-600
提供：TOKI Aviation Capital ㈱

にシェアを伸ばしている。徹底した低コスト運航で，欧米のようにFSAが撤退した，あるいは手を出せなかった地方から地方へとポイント・トゥ・ポイント路線網が発達してこそ LCC の魅力がさらに広がるだろう。新型コロナ禍の影響で減少した LCC 路線であるが，航空需要の回復に合わせ，LCC 路線の更なる拡大が期待されるところである。

また今年，新潟空港を運航拠点とするトキエアが運航を開始する予定である。FSA でも LCC でもない新たなサービスが潜在需要を掘り起こし，地域航空の更なる展開に貢献することを期待するものである。

4　国内航空貨物

国内貨物はかつて鉄道輸送が中心であったが，内航輸送とトラック輸送へとシフトする中，航空貨物はその高速性を活かし，産地直送の生鮮食品や IC 製品など軽量貨物を中心にその需要を増加させてきた。航空のシェアは 0.1% に満たないが，図 序-11 のとおりその取扱量は 2008 年度に約 200 万トンとピークを迎えたところであるが，その後リーマンショックによる経済の低迷，機材の小型化，路線の撤廃等に伴い減少している。さらに新型コロ

○我が国の国内航空貨物取扱量は，機材小型化や路線撤退等に伴い2008年度をピークに減少。羽田空港の航空貨物取扱量増加の影響等により回復に転じたものの，ここ数年は減少ぎみであり，2020年は新型コロナウイルス感染症の影響により大幅に減少。
○我が国の国内航空貨物取扱量は，2001年の米同時多発テロや2008年のリーマンショックによる落ち込みから回復し，近年は増加傾向にあったものの，2017年度をピークに大規模自然災害の発生や米中貿易摩擦の影響等により減少に転じ，2020年は新型コロナウイルス感染症の影響により更に減少。
○首都圏空港（羽田空港と成田空港）の航空貨物取扱量は全体の7割を占めている。

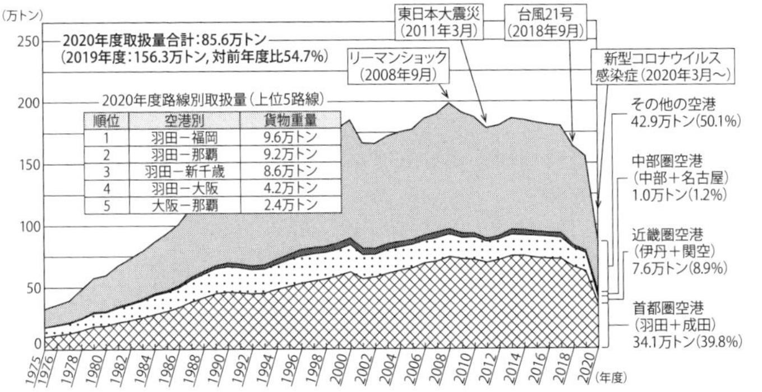

図 序-11　国内航空貨物取扱量の推移

国土交通省資料より作成

ナの影響で大幅に減少しているが，生鮮食料品や医薬品など温度管理が必要な貨物の拡大が期待されている。

このように現在新型コロナ禍の影響で航空需要は低迷しているが，わが国も含め各国で実施されていた入国制限の解除等対応が進む中，航空需要は確実な復活を続けている。2022年から2023年の年末年始は，国内線需要はほぼ新型コロナ禍前の水準に戻るとともに，国際線需要は3割程度まで回復してきており，早期の回復，さらなる拡大が期待されている。

新型コロナ禍からの需要回復が期待される中，引き続き空港は，旅客，貨物の輸送拠点として引き続きその機能を継続し，進化し続ける必要がある。次章以降では空港に関連する情報をいくつかの視点でまとめ解説したい。

第 1 章　空港の基礎知識

1-1　空港とは？（空港と飛行場）

たとえば明日東京から北京へ行く出張があるとして「どこから行くの？」と問われれば，羽田空港や成田空港と答えると思う。わが国には，東京，大阪のような大都市圏をはじめ地方都市，さらには小さな離島にまで空港があり，2023 年 1 月時点でその数は 97 を数えている。図 1-1 に空港の分布を示しているが，離島も含め広く全国を網羅し，航空輸送網を形成している。日本最大の空港は羽田空港，北海道に遊びに行くなら新千歳空港，もつ鍋を食べに行くなら福岡空港といった具合に，我々の日常生活において「空港」という言葉は飛行機に乗る場所として認知されていると思う。しかしながら防衛省が管理する小松飛行場（小松空港と使う場合もある）のように，飛行場という言葉で同じような機能を有する場所もある。さらには，ホンダエアポートのような定期便は飛んでいないが遊覧飛行や小型機の操縦訓練を実施している場所，ドクターヘリが離着陸する場所，尾道にある水上飛行艇が離着陸する水域等々似たような場所が次々とでてくる。そこでまず「空港とは？」について簡単に触れておきたい。

空港に関連する主な法律は「空港法」と「航空法」である。このうち空港法では「空港」を公共の用に供する「飛行場」と定義している。また航空法では空港を，空港法第二条に規定する空港と定義している。航空法，空港法のいずれにも飛行場は定義されていないが，航空法が準拠する国際民間航空条約（シカゴ条約）第 14 付属書には，「飛行場（Aerodrome）は，航空機の到着，出発及び地上走行のために，全域またはその一部が使用される一定の地上または水上の区域（建物，施設，設備を含む。）」と定義されている。即ち空港は，公共の用に供する航空機が離着陸する場所（区域）となる。加えて航空法において航空機は，人が乗って航空の用に供することができる飛行機，回転翼航空機，滑空機，飛行船その他政令で定める機器と定義されており，公共の用に供するヘリポートも空港といえるものである。一方で，たとえば木更津飛行場のように防衛省が所管する飛行場が全国に数多くあるが，これらは一部を除き公共の用には供されないので空港とはいえないものである（小松飛行場は防衛省が所管する基地であり飛行場と呼ばれるが，民航の定期便も就航しており，民航の立場では小松空港と呼ぶ場合もある。）。

97 ある空港は，空港分布図（図 1-1）において拠点空港，地方管理空港，共用空港及びその他空港の 4 つに分類されている。

このうち拠点空港は，空港法第 4 条第 1 項の規定するもので国際航空輸送網又は国内航空輸送網の拠点となる空港であるが，その管理形態に合わせ会社管理空港，国管理空港，特定地方管理空港に分類している。地方管理空港は，空港法第 5 条第 1 項に規定するもので国際航空輸送網又は国内航空輸送網を形成する上で重要な役割を果たす空港であり，共用飛行場は空港法附則第 2 条に規定するもので自衛隊の設置する飛行場及び日米地位協定（日本国とアメリカ合衆国との間の相互協力及び安全保障条約第 6 条に基づく施設及び区域並びに日本国における合衆国軍隊の地

2023年1月1日現在

種別			供用空港数	滑走路 3,500m級以上	滑走路 3,000m級	滑走路 2,500m級	滑走路 2,000m級	滑走路 2,000m未満
拠点空港	会社管理空港	■	4	3	1	0	0	0
	国管理空港	●	19	1	10	7	1	0
	特定地方管理空港	○	5	0	0	4	1	0
	地方管理空港	▲	54	0	3	5	22	24
	その他の空港	★	7	0	1	0	0	6
	共用空港	☆	8	0	4	3	0	1
合計			97	4	19	19	27	28

1. 非公共用飛行場は除く
2. ◯は定期便就航空港を示す
3. 空港名下の数字は滑走路長（m）を示す

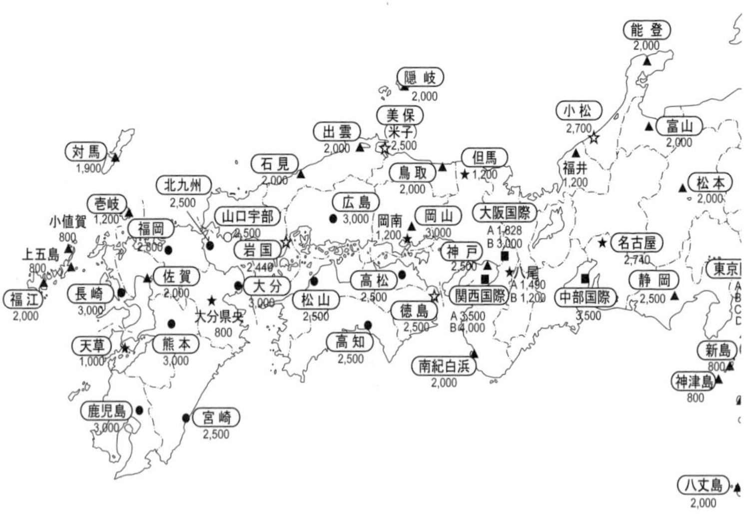

図 1-1　空港分布図

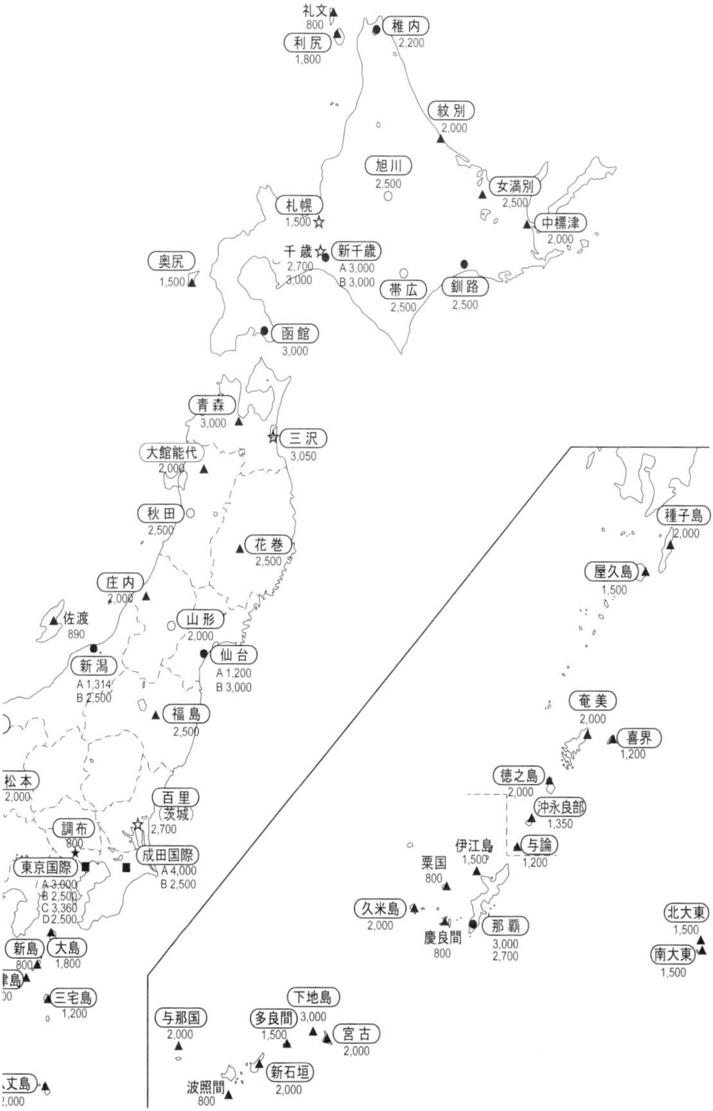

礼文
800
稚内
2,200
利尻
1,800
紋別
2,000
旭川
2,500
女満別
2,500
札幌
1,500
中標津
2,000
千歳
2,700
3,000
新千歳
A 3,000
B 3,000
奥尻
1,500
帯広
2,500
釧路
2,500
函館
3,000
青森
3,000
三沢
3,050
大館能代
2,000
秋田
2,500
種子島
2,000
花巻
2,500
屋久島
1,500
庄内
2,000
佐渡
890
山形
2,000
仙台
A 1,200
B 3,000
新潟
A 1,314
B 2,500
奄美
2,000
福島
2,500
喜界
1,200
松本
2,000
徳之島
2,000
百里
(茨城)
2,700
沖永良部
1,350
調布
800
伊江島
1,500
与論
1,200
東京国際
A 3,000
B 2,500
C 3,360
D 2,500
成田国際
A 4,000
B 2,500
粟国
800
久米島
2,000
北大東
1,500
慶良間
800
那覇
3,000
2,700
南大東
1,500
新島
800
大島
1,800
津島
三宅島
1,200
下地島
3,000
与那国
2,000
多良間
1,500
宮古
2,000
新石垣
2,000
波照間
800
丈島

域関する協定）第２条第４項（a）の規定に基づき日本国政府又は日本国民が使用する飛行場であって公共の用に供するものである。その他空港は空港法第２条に規定する空港から拠点空港，地方管理空港及び公共用ヘリポートを除いたものであり従来その他飛行場としていたものに定期便が就航していない八尾空港を加えたものである。

空港法及び航空法の規定では公共の用に供するヘリポートも空港といえるものであるが，本書においては公共用ヘリポートを除いて整理している。

・空港は公共の用に供する航空機が離着陸する場所(区域）であり，現在日本には97ある。
・空港は拠点空港(会社管理空港，国管理空港，特定地方管理空港)，地方管理空港，共用空港及びその他空港に分類され，わが国の航空網を形成している。

また本書では，「大規模空港」，「地域の拠点となる空港」という言葉も使用している。それぞれ厳密な定義があるわけではないが，大規模空港は羽田，成田，中部，大阪及び関西国際空港を，地域の拠点となる空港は大規模空港に新千歳空港，仙台空港，広島空港，福岡空港及び那覇空港を加えたものでる。説明の都合上便宜的に使用することをお許し願いたい。

1-2　空港アラカルト

わが国も含め世界には多種多様な空港がある。これらをいくつかの視点で分類し紹介していきたい。最初の視点は，“何かで一番”の空港を紹介したい。

(1) 最も大きい空港

わが国の空港で最も大きい空港は，東京国際空港（羽田）である。現在，長さ 3,360m，3,000m の滑走路が各 1 本，2,500m の滑走路が 2 本と合計 4 本の滑走路を有している。空港敷地面積は約 1,250ha，その外周を走る道路は 23km にも及ぶ。東京都の中央区や千代田区や面積は 1,000ha ～ 1,200ha であるのでそれより広く，ほぼ 1,511ha の渋谷区に匹敵するものである。ちなみに羽田空港がある大田区の面積は 6,083ha であり，羽田

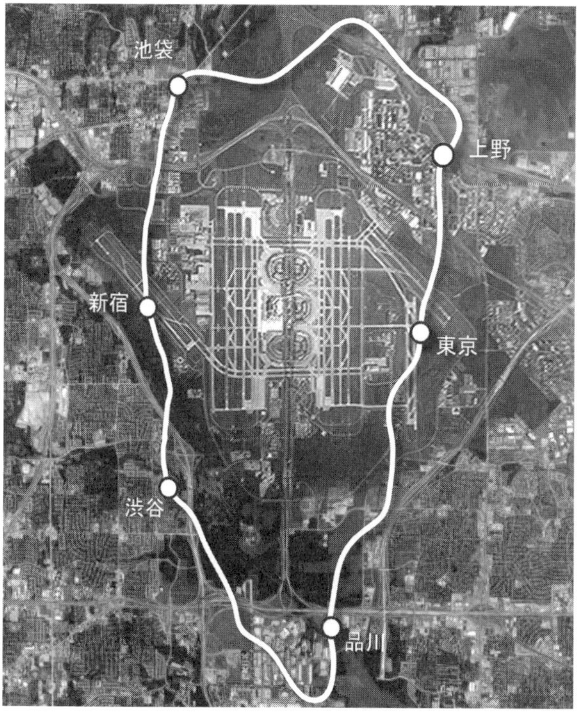

写真 1-1　山手線とダラス・フォートワース空港
Brett Wirick 氏の提供写真に，同一スケールで東京 JR 山手線を重ね合わせた

空港はその4分の1を占めていることになる。年間8,692万人(2019年実績)，1日当たり23.8万人の航空旅客が利用し，4万人を超える従業員が働く羽田空港は,一つの都市そのものである。

ただ世界の大規模空港はこの比ではなく，サウジアラビアのキング・ファハド空港の約77,600ha，アメリカのデンバー空港の約13,700ha，マレーシアのクアラルンプール空港の約10,000ha，アメリカのダラス・フォートワース空港の約7,300haが大所である。また滑走路の本数でいえばアメリカのシカゴ・オヘア空港には9本。ダラス・フォートワース空港には7本，オランダのアムステルダム・スキポール空港には6本もの滑走路が設置されている。

(2) 最も忙しい空港

航空界では，離着陸回数が多い空港をビジーな（忙しい）空港という。2019年（航空局の統計），羽田空港の年間離着陸回数は約45.8万回，1日当たり約1,250回，ピーク時には1時間当たりでは80回に達している。到着のピーク時には着陸機が連続して降りてくるが，その間隔は2分を切り山手線を凌ぐ忙しさである。第2位以下は成田空港が約26.5万回，関西国際空港が約20.7万回，福岡空港が約18.1万回，那覇空港が約16.1万回と並んでいる。このうち福岡空港と那覇空港は1本の滑走路で運用しており，1本当たりの離着陸回数で比較すると福岡空港が最もビジーな空港である。那覇空港は2020年3月に2本目の滑走路が供用を開始したが，福岡空港は2026年の供用開始を目指し2本目の滑走路の工事が進められている。

世界の主要空港はさらに忙しく，国際空港評議会（Airports

写真 1-2　福岡空港
滑走路は 1 本で写真左側が国際，右側が国内ターミナル

Council International：ACI）が取りまとめた 2017 年実績では，第 1 位アメリカのハーツフィールド・ジャクソン・アトランタ国際空港で約 88.0 万回，第 2 位アメリカのシカゴ・オヘア空港で約 86.7 万回，第 3 位アメリカのロサンジェルス空港で 70.0 万回，第 4 位アメリカのダラス・フォートワース空港の 65.4 万回とアメリカ勢が上位を独占している。その後第 5 位に中国の北京国際首都空港が 59.7 万回とアジア勢が入るものの，その後デンバー空港，シャーロット空港，ラスベガス空港とアメリカ勢が並び，第 9 位にヨーロッパからオランダのアムステルダム空港の 51.5 万回が入っている。

(3) 最も取扱旅客数が多い空港

日本で最も取扱旅客数が多いのは，羽田空港である。年間 8,692 万 293 人が利用している。2 位が成田空港で 4,241 万 3,928 人，3 位が関西国際空港で 3,180 万 7,820 人，4 位が福岡空港で2,467万9,617人，5位が新千歳空港で2,459万9,263人である。いずれの空港も国際線も多く扱う拠点空港である。

世界の主要空港ではさらに多くの旅客を取り扱っており，ACIが取りまとめた2017年実績では，第1位アメリカのハーツフィールド・ジャクソン・アトランタ国際空港で約1億390万人，第2位中国の北京空港で9,578万人，第3位アラブ首長国連邦のドバイ空港で8,824万人，第4位日本の羽田空港の8,540万人，その後第5位にアメリカのロサンジェルス空港が8,455万人と続いている。

表1-1　世界の主要空港の取扱状況

視点	離着陸回数		取扱旅客数	
順位	空港名 所在地	離着陸回数	空港名	取扱旅客数
1位	アトランタ ジャージア / アメリカ	879,560	アトランタ ジャージア / アメリカ	103,902,992
2位	シカゴ・オヘア イリノイ / アメリカ	867,049	北京 北京 / 中国	95,786,442
3位	ロサンジェルス ロサンジェルス / アメリカ	700,362	ドバイ ドバイ / アラブ首長国連邦	88,242,099
4位	ダラス・フォートワース テキサス / アメリカ	654,344	羽田 東京 / 日本	85,408,975
5位	北京 北京 / 中国	597,259	ロサンジェルス ロサンジェルス / アメリカ	84,557,968
6位	デンバー コロラド / アメリカ	574,966	シカゴ・オヘア イリノイ / アメリカ	79,828,183
7位	シャーロット ノースカロライナ / アメリカ	533,817	ロンドン・ヒースロー ロンドン / イギリス	78,014,598
8位	ラスベガス ネバダ / アメリカ	542,994	香港 香港	72,664,075
9位	アムステルダム アムステルダム / オランダ	514,625	上海 上海 / 中国	70,001,237
10位	上海 上海 / 中国	496,774	シャルル・ドゴール パリ / フランス	69,471,442
18位	羽田 東京 / 日本	453,126	---	---

出典：ACI統計（2017年）

ここで離着陸回数，取扱旅客数ともにトップのハーツフィールド・ジャクソン・アトランタ国際空港と羽田空港を比較してみると，アトランタ国際空港では離着陸機 1 機当たり約 118 人が搭乗している計算になるが，羽田空港では約 189 人が搭乗していることになる。小型機が多くなった羽田空港であるが，国内線も含め B777 や B787，A350 といった広胴機も就航しており，B737 といった狭胴機が多くみられるメリカの空港に比べると 1 機当たりの搭乗者数は多くなっている。

(4) 最も都心に近い空港

羽田空港も京浜急行を利用すると新幹線が停車する品川駅まで最短で 13 分と便利であるが，福岡空港はさらに都心に近い。新幹線が停車する博多駅まで地下鉄で 5 分，さらには天神まで 10 分と最も都心に近い空港である。また福岡空港の旅客ターミナルビルの改修により，地下鉄の駅の改札を出ると目の前にチェックインカウンター階へ移動できるエスカレーターが並び，その利便性がさらに向上したところである。

海外にも市街地の真ん中に位置する空港がある。ロンドン市内を蛇行しながら流れるテムズ川の中州を利用して設けられたその名もロンドン・シティ空港である。滑走路はわずか 1,500m と短く非常に小さな空港であるが，フランクフルト，ミラノ，アムステルダムといったヨーロッパの主要都市へ多忙なビジネス客を乗せた小型ジェット機が発着している。

次は，その位置に着目して紹介したいと思う。

(5) 最果ての空港

日本の最北端の空港は北海道の礼文空港である。空港の位置は空港の標点（滑走路の中心点）の緯度経度で表されるが，礼文空港は北緯 45 度 27 分 18 秒，東経 141 度 02 分 21 秒である（近くに稚内空港があるが北緯 45 度 24 分 16 秒とわずかに 3 分差で礼文空港が最北端）。一方最南端の空港は沖縄県の波照間空港で北緯 24 度 03 分 30 秒東経 123 度 48 分 14 秒である。最北端の空港と最南端の空港間の距離は約 2,950km である。この両空港は，残念なことに定期便が運休状態にある。このため仮に両空港間を移動する場合には，途中，船舶や鉄道といった航空以外の手段を選択する必要がある。

写真 1-3　日本国最西端之地

また最東端の空港は北海道の中標津空港で，空港の位置は北緯 43 度 34 分 39 秒，東経 144 度 57 分 36 秒である。一方，最西端の空港は沖縄県の与那国空港で，北緯 24 度 28 分 03 秒，東経 122 度 58 分 47 秒である。両空港間の距離は約 2,763.75km であり，ほぼ南北間の距離と同じである。奇しくもそれぞれ北海道と沖縄県に存在するが，こちらの方はともに定期便が就航しており，航空機のみを利用して移動することが可能である。

(6) 最も新しい空港

日本の空港（拠点空港及び地方管理空港）の中で最も新しいのは，新石垣空港である。沖縄県石垣島にある空港で，それまであった石垣空港が手狭になり，島内に新たに場所を選定し滑走路を含め新しく整備した空港である。2013 年 3 月に供用を開始したが，当初想定した建設予定地がサンゴの保全という環境問題で断念，場所を移しての供用である。最初に手続きに入ったのは 1978 年であるので，実に 35 年もの時を経ての供用であった。

旧空港は石垣市の市街地にあったが，滑走路長が 1,500m しかなく離着陸に制限がかかるとともに，騒音等の問題もあった。新空港へ移転することによりそれらの問題は解決され，石垣島の発展と民生の安定に大きく貢献しているところである。

なお共用空港まで広げると 2012 年 12 月に岩国空港（米軍岩国基地の滑走路を使用）が供用を開始している。1954 年までは定期便が就航していたので，58 年ぶりの復活である。

(7) 最も古い空港

最も古い空港は羽田空港である。1931 年 8 月に供用しているが，その大連行き初便の乗客は人間ではなく松虫や鈴虫であったといわれている，その後大阪や福岡といった日本国内の航空輸送や満州，台北，京城への運航も活発化するわが国を代表する拠点空港であった。

(8) 空港の数が多い都道府県

「一県一空港」といったいい方を聞いたことがあるかもしれないが，事実ではなく，空港がある県，空港がない県，空港が多い県とまちまちである。交通体系を考えると当然のことかもしれないが，やはり空港の数が多いのは離島を多く有する県で，長崎県に 6 空港（国管理：長崎，県管理：壱岐，対馬，福江，上五島，小値賀），東京都に 7 空港（国管理：羽田，都管理：調布，大島，新島，神津島，三宅島，八丈島），鹿児島県に 8 空港（国管理：

鹿児島，県管理：種子島，屋久島，奄美，喜界，徳之島，沖永良部，与論），そして最も多いのが北海道で14空港（国管理：稚内，函館，釧路，会社管理：新千歳，稚内，函館，釧路，旭川，帯広，女満別，自治体管理：中標津，紋別，利尻，礼文，奥尻），共用空港：千歳，丘珠）である。

一方，空港が一つもない自治体は大都市圏に多く，関東の群馬，栃木，山梨，埼玉，神奈川，中部の岐阜，三重，近畿の滋賀，京都，奈良と合計で10府県に上る。

(9) 変り種空港

【訓練用飛行場→パイロット養成・宇宙旅行の拠点へ】

沖縄県下地島にある下地島空港は，離島ながら3,000mの滑走路を持つ大きな空港である。設置管理者は沖縄県で1979年に供用を開始しているが，当時もっぱらアメリカで行われていたパイロットの訓練を国内でも行えるようにするために整備された訓練用飛行場である。

2012年にJALが，また2015年にはANAが訓練から撤退し，下地島空港の利活用の仕方が沖縄県において検討されてきたが，2019年の新ターミナルビル整備に伴い，新たに国内線（羽田，成田，関空，神戸，那覇）と国際線（香港）の路線が開設され，下地島を拠点とするリゾート開発が始まっている。またパイロット養成事業も始まり，下地島空港の本格的な利活用が進みだしたところである。さらに2020年には開発の基幹事業の一つである下地島宇宙港事業がスタートし，下地島空港が宇宙観光の拠点として発展することが期待されている。

写真 1-4　沖縄県　下地島空港

【小型機専用空港】

大阪府にある八尾空港は国が設置管理する空港であるが，旅客便は就航しておらず，小型機やヘリコプターだけが就航する空港である。航空旅客や貨物の輸送以外に，警察・消防，救急医療，捜索救難などの公共サービスや報道，航空写真撮影，山岳地調査，薬剤散布，遊覧飛行などの活動が小型航空機やヘリコプターを利用し行われている。

八尾空港の他，定期便が就航していない公共用の小型機専用飛行場としては岡山県の岡南飛行場（旧岡山空港），福井県の福井空港，大分県大分県央空港などがある。また一部には定期便も就航しているが，大都市圏の航空機使用事業の中心的な役割を果たしている空港として東京都の調布飛行場，愛知県の県営名古屋空港がある。

【河川敷にある空港】

富山空港は富山市の市街地に近い神通《じんつう》川の河川敷に滑走路が造られている。滑走路が就航できる2,000m の滑走路を有する本格的なものであるが，河川の増水に備え大きな建物は建設できないことから，管制塔，旅客ターミナルビル，駐車場といった主要な建物は堤防の外側にある。旅客はターミナルビルから堤防を越え航空機に搭乗するため，小規模な空港としては少しばかり歩行距離が長くなっている。

写真 1-5　河川敷を利用した富山空港

【海上空港】

南北に細長いわが国はその約 70％が山岳部であり，主な都市は残り 30％の平野部に集中し稠密《ちゅうみつ》な市街地が広がっている。このため都市近郊に新たな空港を必要とされても平野部に広大な用地を求めることは不可能であり，いきおい海上・沿岸部や丘陵・山岳部に空港適地を求めることになる。

わが国初の本格的な海上空港は長崎空港で，大村湾の中，約 1km のところにあった箕島（面積 90ha，周囲 7km，当時 13 世帯が居住）を活用し，高所を掘削，周辺海域を埋め立てることによって 1975 年に完成した。

海岸から離れた海の中に完全な人工島として空港を建設したのは関西国際空港が最初であり最大である。大阪府の泉州沖 5km,

写真 1-6　長崎空港

旧空港は，大村空港で写真右側に見える。2011 年まで長崎空港の A 滑走路として使用されたが，現在は防衛省設置管理の大村飛行場となっている

水深約 18m の海上を埋立て，1994 年に空港面積約 510ha の関西国際空港が誕生した。埋め立てに使用した土量は 1 億 8 千万 m^3 で 124 万 m^3 の大きさの東京ドームの約 145 個分である。さらに第 2 期計画として約 545ha の空港島を完成させ，2 本目の滑走路が 2007 年に供用を開始した。

中部国際空港（伊勢湾，常滑沖 1.5km），神戸空港（大阪湾，ポートアイランド沖 3km），新北九州空港（周防灘，苅田沖 3km）もそれぞれ埋め立てによる海上空港である。

【ハイブリッド構造の空港】

羽田空港に新しく整備された 4 本目の滑走路（D 滑走路）は，西側が多摩川の河口を一部遮る場所に位置する。河口部は淡水と海水が混じりあう生態系上重要な場所であるとともに，河川の水の流れを阻害すれば大雨の際思わぬ影響が出ることが考えられる。このため，本来の水の流れを阻害しないよう，河口にかかる滑走路の約3分の1を海中から立ち上がる鉄柱の上に鋼製の滑走路の躯体を置く「橋梁構造」としている。残り3分の2は関西国際空港などと同様に埋立構造を採用しており，D滑走路は一つの滑走路の中に二つの異なる構造を持つハイブリッド構造となっている。

写真 1-7　宙に浮く？羽田空港 D 滑走路
柱に支えられた躯体の上面が滑走路

【双子型の空港】

新千歳空港は，防衛省の千歳飛行場に隣接するいわば双子型の空港である。空から見る限りでは4本の滑走路が平行に配置されている一つの大規模空港に見えるが，実は西半分が防衛省，東半分は北海道エアポート㈱が管理する民間空港である。かつては防衛省が管理する千歳飛行場の一画に民間航空用のターミナルを設け滑走路を共用していたが，札幌圏の航空需要の大きな伸びに対応するため千歳飛行場に隣接して民間航空専用の空港を建設した結果，双子型の空港が1988年に供用を開始した。それぞれが管理する滑走路への離着陸は互いに影響を与えることから，航空管制は4本の滑走路の中央に設置された管制塔で防衛省が一元的に実施している。

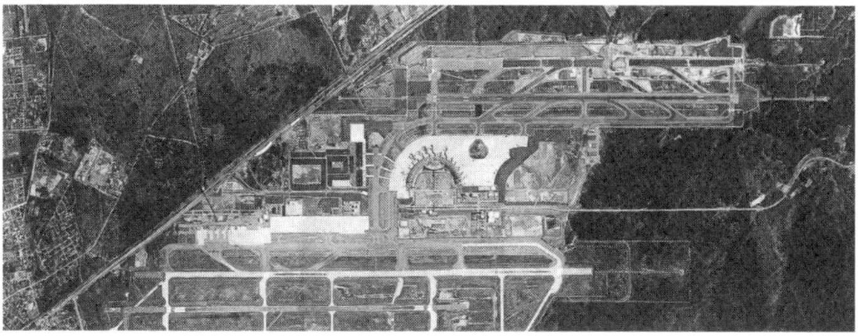

写真 1-8　新千歳空港
写真下部が防衛省千歳飛行場の滑走路

【高地の空港】

わが国で最も高いところにある空港は松本空港で，その標高は 658m である。高地では空気密度が薄くエンジンの燃焼効率が低下することから，離陸に必要な滑走路長が長くなる。小型ジェット機に対応し 2,000m の滑走路を有している。

世界で一番高い場所にある空港は中国四川省にある稲城亜丁空港（ダオチェン・ヤーディン空港）といわれており，その標高は 4,411m である。こちらももっぱら就航する機材は A321 の小型ジェット機であるが，滑走路長は 4,200m である。富士山山頂より高い場所にある空港，一生のうちに一度行ってみたい気もするが。

1-3　空港の機能

空港は公共の用に供する航空機が離着陸する場所と定義されるわけだが，実際の活動を見るとそれだけでは説明できない機能がある。空港は航空輸送という活動と密接な関係があるが，航空機を運航させることは手段であって，それにより旅客や貨物を輸送するという航空活動に使用される施設が空港である。そう考えると空港に求められる機能は，航空機を安全かつ効率的に離着陸，地上移動，駐機させ，航空旅客の乗降，航空貨物の積み下ろしを安全かつ効率的に行う施設であり，バス，タクシーや鉄道といった地上交通と円滑な乗り換えを行う施設でもある。

このように空港が立地し旅客，貨物の円滑な輸送が確保されることは，たとえば企業活動における人，物の地域間移動や観光客の誘致，地元からの旅行が容易になるとともに，各種新規企業の立地等地域経済の発展に寄与するのも空港の重要な機能である。

また近年一部の空港は，上記の本来の機能に加えいくつかの機能を併せ備えるようになってきている。その一つは防災拠点としての機能である。東日本大震災以降，災害発生時の防災ヘリの活動拠点として空港の活用が議論され，整備されている。それまでも自治体が所管する警察や消防ヘリ施設が空港に立地することはあったが，熊本空港では，熊本県が空港に隣接する熊本県防災消防航空センターを設置し，熊本県内での救急，救難，防災等の各種活動の拠点として機能するとともに，九州のほぼ中央に位置するという立地条件を生かし，九州内の他県での各種活動を支援している。また能登空港では，空港ターミナルビルに石川県の地方行政機関（石川県奥能登総合事務所，奥能登農林総合事務所，奥能登土木総合事務所分室，奥能登教育事務所，奥能登広域圏事務組合事務局・奥能登行政センター）や生涯学習センター・会議室が併設されるとともに，道の駅「能登空港」として登録を行い，能登地域における石川県行政の窓口や観光情報拠点としても機能している。

・空港の機能は，航空機を安全かつ効率的に降離着陸，地上移動，駐機させ，航空旅客の乗降，航空貨物の積み下ろしを安全かつ効率的に行うとともに，バス，タクシーや鉄道といった地上交通と円滑な乗換を行うことである。
・また地域経済の発展に寄与するとともに，一部の空港には広域的な防災拠点や地方行政の窓口としての機能もある。

1-4　空港システム

空港はたとえば図書館と違い単独で機能するものではない。基本的な機能は航空機による旅客・貨物の輸送と地上交通の結節点であり，航空機の運航がないと存在価値がないものである。以下航空システム及び空港システムの概要並びに空港システムが稼働する上で必要となる枠組みについて解説したい。

1. 航空システムを構成する 3 つのサブシステム

図 1-2 は，航空機の移動に着目した航空システムのイメージを示している。航空システムは，①航空会社が実施する航空機の運航，②航空機の離着陸，空港ビル会社等の事業者による旅客の取扱等が行われる空港の運用，そして③航空局において行われる航空交通管理の 3 つのシステムで構成されている。

旅客の輸送という観点で考えると，その主役は航空会社，中でもパイロットと思う方も多いと思う。しかしながらパイロットがすべての責任を負い好きな時間に好きな空港へ向けて飛行するわけではない。たとえば自家用車で福岡まで移動する場合には，自分の好きな時間に好きなルートを選ぶこともできる。また途中疲

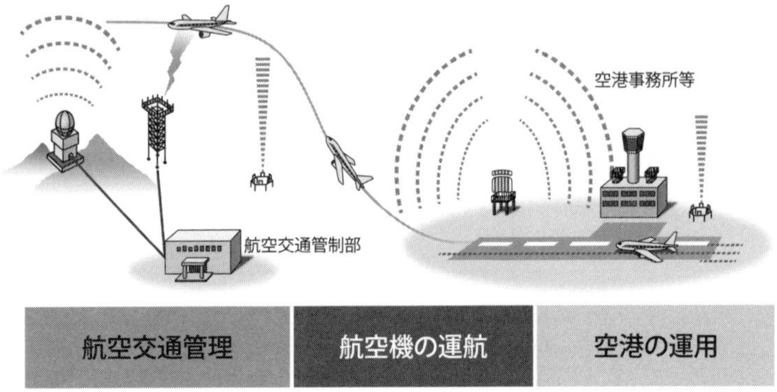

図 1-2　航空システムを構成する 3 つのサブシステム

れたと思ったら，パーキングエリアで休憩し食事をとることも可能である。しかしながら航空機の場合はそうはいかない。高速で飛行する航空機は，空中で停止することもできないため，他の航空機との衝突回避や空港への安全な，また，定時での離着陸を確保するために，さまざまなルールの中で飛行することになる。これらのルールは国際ルールとして万国共通のもので航空局が定めている。

また利用する空港は，安全で効率的に機能しなければならない。また空港と一口に言っても，それは航空機が離着陸をする滑走路といった施設もあれば，旅客がチェックインなどの手続きを行う旅客ターミナルビルもある。これらの機能がきちんと稼働し，かつ，それらが有機的に連携・機能して初めて空港として機能することになる。この空港機能を稼働させるため，航空局や民間事業者等は実にさまざまな仕事を担当している。

2. 空港システムの前提

空港はさまざまな主体で運用されているが，当然ながらさまざまなルールが存在している。

(1) 公共の関与

航空輸送は，鉄道輸送と同様に公共交通機関として認識されている。公共交通機関は，その公共性から，たとえば，安全で効率的に機能する，的確な事業を担保するといったことが求められ，さまざまな安全基準や事業者への制約が課されることになる。航空輸送においては，航空機の安全で効率的な運航，空港の安全で効率的な運用，そして安全で効率的な航空交通管理を確保する必要があり，航空法や空港法といった法律に基づき管理されている。

安全基準の制定・運用は，鉄道輸送も航空輸送も国の役割である。航空輸送が鉄道輸送等と大きく違うのは，航空輸送を稼働させるために必要となる事業の一部を，国自らが担当している点である。現在の JR 各社はかつて，日本国有鉄道（国鉄）という国営企業であった。その後構造改革等の流れの中で，その鉄道輸送事業は民間へと移行され，現在国には監査機能（レギュレーター）のみが残されている。一方航空輸送に関しては，監査機能は国の担当であるが，航空輸送事業に関連する航空交通管理（航空機の管制等）や羽田空港等の管理といった一部の業務（プロバイダ）についても国が担当している。

(2) 国際基準及び国内基準

航空機を利用した輸送は，日本国内において行われるものに加え，たとえばタイといった外国との間で行われるものがある。羽田発バンコク行きの航空機の運航において，羽田空港を出発する際の運航方法とスワンナプーム国際空港に着陸する場合の運航方法に違いがあったらどうなるだろうか。また使用する滑走路や航空保安施設の仕様に違いがあったらどうなるだろうか。おそらく安全で効率的な運航の確保が難しくなるのではないだろうか。このため航空の分野においては，ICAO（International Civil Aviation Organization，国際民間航空機関）という国連の専門機関が，さまざまな規定を定めている。ICAO は，第 2 次世界大戦の終戦前 1944 年，アメリカ・シカゴに 52 か国の関係者が集った会議（シカゴ会議）において議論され，1947 年に設立したものである。

シカゴ会議の成果はシカゴ条約（国際民間航空条約）として取りまとめているが，条約の前文に，目的の一つとして「国際民間航空が安全に且つ整然と発展するように」との文言が入っている。これを受け，民間航空の安全で整然とした発展に関係する規則を付属書として取りまとめており，空港については，第 14 付属書（Annex14）飛行場にさまざまな規定が定められている。

ICAO の規定を準拠する国内基準は，主に航空法に定められて

表 1-3　ICAO　シカゴ条約付属書（Annex）一覧

番号	内　容	番号	内　容
1	航空従事者の技能証明	11	航空交通業務
2	航空規則	12	捜索救難業務
3	気　象	13	航空機事故及びインシデント調査
4	航空図	14	飛行場
5	計測単位	15	航空情報業務
6	航空機の運航	16	環境保護
7	航空機の国籍及び登録記号	17	保安
8	航空機の耐空性	18	危険物の航空安全輸送
9	出入国の簡易化	19	安全管理責任とプロセス
10	航空通信		

いる。航空法は，関連事業者が業務を実施するに当たり守るべき要件をまとめたものであるが，言い換えると国が監査する要件をまとめたものである。具体的には，航空機そのものが備えるべき要件，パイロットといった航空従事者が備えるべき要件，航空路・空港・航空保安施設等が備えるべき要件，航空機の運航に係る要件，航空運送事業に係る要件等を規定している。

3. プロバイダとレギュレーター

航空システムにおける航空機の運航，空港の運用，航空交通管理の3つのサブシステムは，直接業務を実施しサービスを提供するという意味でプロバイダと呼ばれるものである。しかしながら航空システムは，これらのプロバイダだけで機能しているわけではない。過去に発生した事故等の経験を踏まえ，プロバイダがきちんと機能することを担保する仕組み，すなわちそれらの業務を監査する仕組みが求められている。これらは法令に基づき行われるものでありレギュレーターと呼ばれている。日本においては航空局がレギュレーターとして機能している。

航空分野におけるレギュレーターとプロバイダの役割等具体的な安全管理方法については，分野別に国家安全プログラム：SSP（State Safety Program）および安全管理システム：SMS（Safety Management System）を構築することになるが，これらについてはICAO付属書として，航空機の運航は第6付属書，飛行場は第14付属書，航空交通業務は第11付属書及び上記3分野に共通する安全管理責任とプロセスは第19附属書にそれぞれ規定してある。

(1) 国家安全プログラム（SSP：State Safety Program）

ICAOは，航空分野の安全性向上の取り組みとして1999年に国際航空安全監視監査プログラム（USOAP：Universal Safety Oversight Audit Programme）を開始した。これは，ICAOがすべての締約国に対して，国際標準等の国内制度への導入状況の確認，安全監督能力の評価等を行うという安全監査制度を義務付けるものである。

その後2001年には航空機運航，空港管理，航空管制等の業務提供者（プロバイダ）に対して，従前の規則遵守のための安全対策に加えて，自主的・組織的・継続的に取り組んでいくSMS（Safety Management System：安全に関するPDCAサイクル）の導入を国際標準として義務付け，さらなる安全向上を図ってきたところである。

その後2010年11月にSSPをICAO標準として採択した。これは，業務提供者（プロバイダ）を規制・監督する国の規制機能（レギュレーター）に対して，安全を管理するための新たな仕組みであるSSPの策定を国際標準として義務付けるもので，世界的に複雑化・高度化する航空交通の安全確保・向上のために，シカゴ条約の締結国が果たすべき役割等を規定している。

その根幹にあるのは，「安全性能重視型」への移行である。それまでもさまざまな安全管理に係る規則等は存在していたが，残念ながら事故等を効果的に減少させるには至っていなかった。そのような中，単に規則を遵守していれば良いという考え方から一歩進め，日々の活動に着目し，安全管理のために必要な性能（指標）を測定・管理することで達成しようという考え方である。そのため，基準・規則を制定し監督を行うレギュレーター機能と，運送事業者，空港運用者，航空交通業務実施者といった実際にサービスを提供するプロバイダ機能とを明確に分離し，管理することとしたものである。

(2) 安全管理（SMS：Safety Management System）

従来の安全管理手法の限界を超えた新たな手法として構築されるSMSは，規則，基準要件の遵守，事案が発生した場合に再発防止策を策定するというリアクティブ（事後処理的）な取り組みから，科学的根拠のあるリスク管理の手法を用い，安全管理へ幹部も参画し，不具合事例報告を促進する非懲罰的環境を構築するとともに，日頃から現場職員への安全訓練を実施するというプロアクティブ（事前予防型）な取り組みへと転換するものである。

具体的には，安全管理責任者による安全方針，安全目標の設定を受け，安全管理計画を定める（Plan），計画の実施（Do），実施状況等の確認(Check)が行われ，必要な改善のための処置(Act)を，組織全体にわたって体系的にかつ矛盾なく実施するというものである。品質管理で始まったいわゆるPDCAサイクルを航空の安全分野にも持ち込んだものである。

この仕組みをきちんと稼働させるためには，安全管理の推進体制を設定し，関係者それぞれの責任，権限を明確に規定するとともに，必要な資源（人的，資金的）を配備することが重要である。また，確実に実施できるよう，個々の活動について具体的な実施手順を明文化することも重要である。

PDCAサイクルを回しながら継続するSMSによって克服されるハザードがある一方で，新たなハザードが発見されることもある。SMS はトップも含めすべての関係者が継続して取り組むことが重要である。

(3) 飛行場証明制度

空港の民営化の流れが進む中,空港運営形態の多様化に合わせ,各空港の運営を国際基準に適合させ安全を保持するために飛行場証明制度が構築された。これは,ICAO の基準に従って空港が安全に設置・管理されていることを締約国（レギュレーター）が証明するもので,証明後は定期的な検査により空港の安全性を担保するというものである。

(4) 国際航空安全監視監査プログラム（USOAP：Universal Safety Oversight Audit Program）

各国における安全への対応が ICAO の国際標準・勧告,方式に適合していることを監査するために行われるもので,ICAO 監査官が各国へ派遣され監査を行う制度であり,わが国も 2010 年に監査を受けている。

監査の結果課題があれば,その是正が求められるとともに,状況によっては安全国として指定が外され,国際定期便の就航に支障をきたすといったペナルティもある。このため,各国は常に必要な対応を続けることとなる。

4. 空港システムを構成する業務

空港はさまざまな主体により運営されているが,ここでは飛行機に乗って旅行をする場合,それをどのような業務が支えているかという視点で関連する業務をまとめてみた。その際,直接旅客と接する業務（表 1-4）と直接には旅客とは接しない業務（表

1-5）とに区分しまとめているが，日々利用する航空機に関連し，実にさまざまな業務が発生している。

表 1-4　空港の主な業務（旅客と直接接する業務）

業務項目	関係事業者	具体的な内容
旅客ターミナルビルの運用	旅客ターミナルビル会社	・旅客ターミナルビルを所有（移動設備（エレベーター，エスカレーター，ムービングサイドウォーク等），トイレ等を提供） ・物販，飲食，各種サービスを提供 ・見学者施設を提供 ・航空機の運航情報，その他各種情報を提供 ・インフォメーションカウンターを運用 ・搭乗橋（PBB）を整備
航空旅客のハンドリング	航空会社	・チェックイン（旅客，受託手荷物）を実施 ・セキュリティチェックを外注で実施 ・搭乗手続きを実施 ・航空会社ラウンジを運用
ランプバスの運用	旅客ターミナルビル会社等	・ランプ内リムジンバスを運行
空港及び旅客ターミナルビル内の警備	旅客ターミナルビル会社等	・滑走路等制限区域の管理 ・旅客ターミナルビル内の保安区域の警備

写真 1-9　羽田空港のインフォメーションカウンター

日本空港ビルデング㈱協力の下撮影

表 1-5　空港の主な業務（旅客と直接は接しない業務）

業務項目	関連事業者	具体的な内容
滑走路等空港関連施設の運用	航空局又は空港管理者	・滑走路等土木施設の維持，管理 ・航空灯火の維持，管理 ・制限区域の管理，警備 ・バードストライクの防止 ・制限区域内における航空機事故への対応（航空機火災の消火等） ・旅客ターミナルビル事業者，アクセス交通事業者等に対する空港内での関連施設の設置，営業に係る許認可 ・空港内での関連施設の設置，営業に係る許認可
航空管制業務関連	航空局	・フライトプランの受領 ・航空機のフローマネジメント ・出発クリアランスの発出 ・気象情報等の提供 ・地上走行の指示 ・離陸許可の発出
空港に関連する気象予報及び情報提供	気象庁	・航空気象情報（飛行場 METAR, TAF, 航空路）の提供 ・飛行場警報（大雨，大雪等）の発信
航空機の運航	航空会社	・運航管理 　・フライトプランの作成 　・ウエイトアンドバランスの検討 　・ブリーフィング（気象情報，飛行計画等） ・運航支援 　・受託手荷物の搭載 　・ミール，飲料水等の搭載 　・航空機のプッシュバックの実施 ・機体整備 　・航空機整備の実施 　・出発前点検の実施 ・受託手荷物の保安検査，航空機への搭載，積み下ろし
航空機の運航	給油事業者	・航空機燃料の搭載
空港内施設の運用	ユーティリティ事業者	・空港内に上水を供給 ・空港内で発生する下水，ごみ等を処理 ・空港内の施設に電気，ガス，熱源（温水，冷水），通信を供給

第２章　航空機の運航に関連する施設・業務

第２章から第４章にかけて空港を，航空機の運航に関連する施設・業務，旅客・貨物を取り扱う施設，空港管理に関連する施設・業務に分類し解説したい。

航空機の運航に直接必要な施設は，滑走路，着陸帯，過走帯，滑走路端安全区域である。また航空機の運航に制約を与える空港制限表面（航空機の安全な運航を担保する空間）及び航空機の運航に関連する施設・業務についてこの章で解説したい。

2-1　滑走路

航空機の運航に利用される施設のうち最も重要なのが滑走路である。滑走路の計画は，就航する航空機に基づき設定される滑走路長，風向・風速といった就航条件から設定される滑走路の方位，取り扱う需要から設定される滑走路処理能力（本数・配置）で構成される。

1．滑走路長

一般に，より大きな航空機の離着陸にはより長い滑走路が必要である。実際には，より多くの旅客や貨物を搭載すれば機体重量が増加，離陸に必要なスピードに到達する距離が長くなることから必要な滑走路長が長くなる。同様により遠くの空港まで飛行しようとすれば，搭載する燃料の増加に伴い機体重量が増加し，より長い滑走路が必要となる。

空港計画における必要な滑走路長は，その空港に就航する航空機の種類と路線を想定し，各機種の離着陸性能に基づき離着陸に必要な滑走路長を算定し決定される。安全な運航を確保するため，滑走路長の算定に当たっては，図 2-1 に示すとおり通常の状態で必要な滑走路長だけでなく，離陸時においては，「離陸中にエンジンが停止した場合に離陸を中断し安全に停止できる距離」，「離陸中にエンジンのうち 1 発が停止した場合に離陸を継続し一定の高度まで達する距離」も算定する。また着陸時においては，「通常状態で制動をかけて安全に停止できる距離に一定の余裕率をかけた距離」を算定する。

実際の運航に当たり必要な滑走路長は，気象条件（空港の高度，気温，風向風速），滑走路の路面状態等を勘案し個別に計算され

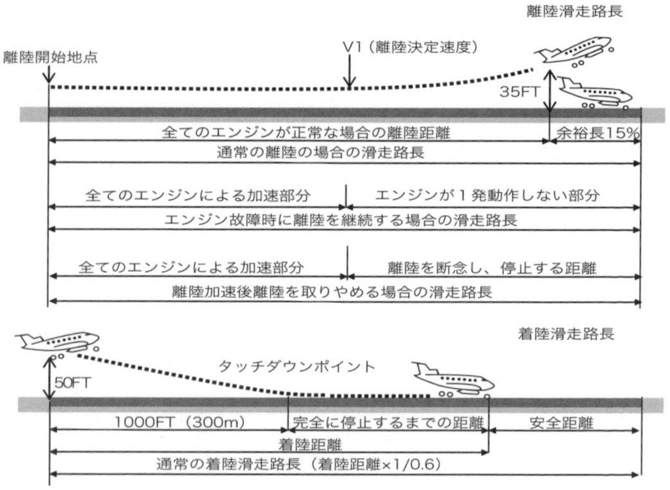

図 2-1　滑走路長の算定の考え方

表 2-1　国内線に就航する航空機用に標準的に確保している滑走路長

航空機の区分	主な機材	標準滑走路長
大型ジェット機	B777，B787，A350	2,500m 以上
中型ジェット機	B767	2,000m 以上
小型ジェット機	B737，A320	
プロペラ機	DHC8	1,500m 以上
小型機	ATR42，BN2B	800 ～ 1,200m

ることになるが，わが国の空港計画において標準的に確保している滑走路長は，表 2-1 のとおりである。

2. 滑走路方位

航空機が安全に飛行する（空中に浮いている）メカニズムの基礎は揚力である。このため航空機は，風に正対する方向に離着陸するのが基本となる。また航空機は横風により飛行の安定性が低下するので，航空機により離着陸が禁止される横風の強さ：最大許容横風分力が設定されている。

一方実際に吹く風は，刻々とその風向・風速が変化しており，1 本の滑走路を整備したとして常に風に正対して離着陸できるわけではなく，離着陸が制限されることもある。このため滑走路の配置の検討に当たっては，最低 3 年間の現地における観測を行い実際に発生する風向・風速のデータを整理し，滑走路を設置する方向により最大許容横風分力以下の状況が発生する頻度：ウインドカバレージを算定し検討することになる。ICAO においては計画時のウインドカバレッジは最低 95%確保することを推奨しているが，この 5%がたとえば冬季の降雪時に集中したとすれば空港によっては数日閉鎖されることもあるかもしれないので，より高い数値を確保することが求められることになる。ちなみに実

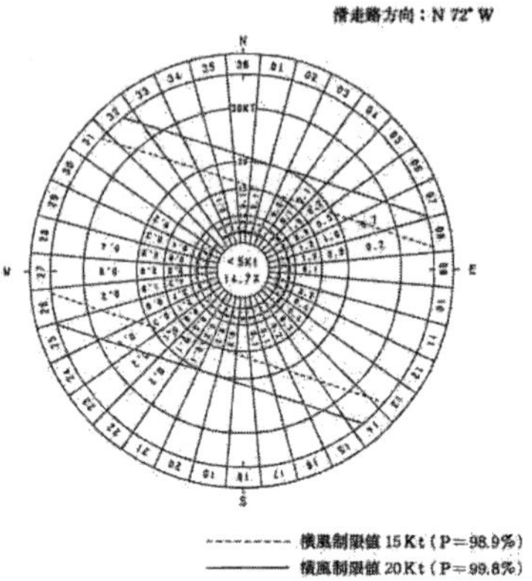

図 2-2　ウインドローズ

提供：日本空港コンサルタンツ㈱

際の滑走路方位は，風向・風速の関係だけでなく，周辺地形の影響（たとえば除去できない障害物がある）や周辺地域の土地利用の関係（住宅密集地の存在等）といった条件も考慮して設定されるものである。

3. 滑走路の本数と配置

初期の段階の航空機（小型プロペラ機）は横風に弱かったため，方位の異なる滑走路を複数配置し，その時の風向に合わせ離着陸する方向を変えていた。図 2-3 は，初期のロンドン・ヒースロー空港の平面図に現在の滑走路の配置（実線）を重ねたものである。当初の滑走路の配置は，2 つの正三角形を 2 つ組み合わせた形（ダビデの星形）で 6 本の滑走路を組み合わせていたが，現在は就航する航空機が以前に比べ大型化し，横風の制約が小さくなったことから，平行な 2 本の滑走路配置となっている。

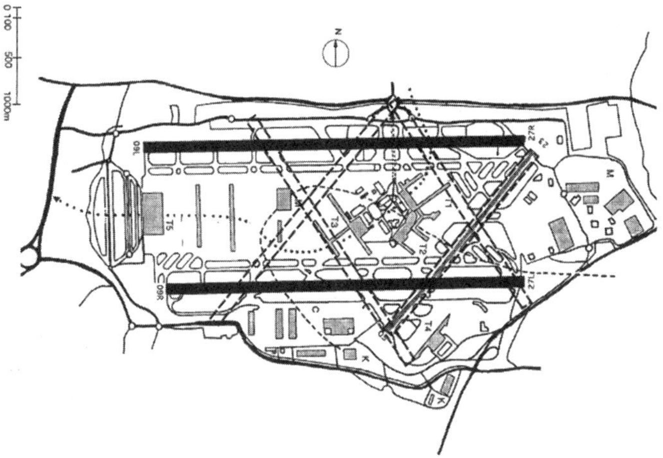

図 2-3　初期のロンドン・ヒースロー空港の平面図

出典：同空港パンフレットより筆者作成

一つの空港に２本の滑走路を配置する場合，その主な目的が処理能力向上である場合には既存の滑走路と並行に，また横風への対応が主な目的の場合にはＶ字型やＸ字型のように既存の滑走路とある程度角度を変えて配置されるのが一般的である。以下，配置例を紹介する。

(1) クロースパラレル滑走路【Close Parallel Runway】

２本の滑走路の着陸帯が重ならない程度に近接して平行に滑走路を配置する方式で，２本の滑走路を同時に使用（離着陸）することはできないが，先行着陸機と後続離陸期との時間間隔が短縮できるので，１本の滑走路の場合より処理能力が向上する。また２本の滑走路を交互に閉鎖して維持補修が行える等メリットは大きい。わが国では新千歳空港（滑走路間隔 300m）及び伊丹空港（滑走路間隔 300m）がこの方式であるが，現在福岡空港で進められている滑走路増設もクロースパラレル滑走路（滑走路間隔は210m）である。

(2) オープンパラレル滑走路【Open Parallel Runway】

2本の平行滑走路間隔をさらに広く確保する方式で，空域等の条件もそろえば同時離発着が可能となる。滑走路間隔は最低でも1,350m以上とされているが，2本の滑走路の間にターミナル地域が配置される場合には，その間隔はさらに広くなる。わが国では羽田空港で1,700m，関西国際空港で2,300m，成田空港で2,500mとなっている。最近開発されている海外の大型空港はこのタイプが多く，2本の滑走路の間に巨大なターミナルビルを配置している（中国：北京大興国際空港，トルコ：イスタンブール新空港，サウジアラビア：ジェッダ新空港，UAE：ドーハ新空港，オマーン：マスカット新空港等)。

(3) オープンV滑走路【Open V Runway】

主滑走路に対して副滑走路を斜めにV字型に配置する方式で，

写真2-1　仙台空港（オープンV滑走路）

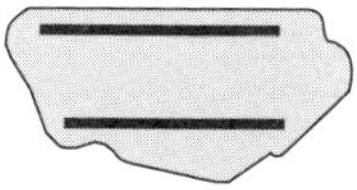

■ロンドン・ヒースロー空港
面積：1,600ha
滑走路：3,660m 3,902m

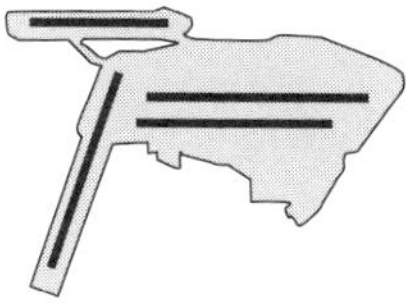

■フランクフルト・マイン空港
面積：1,800ha
滑走路：4,000m×3, 2800m

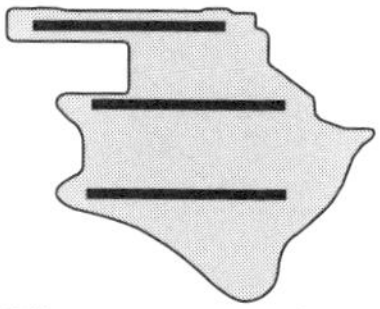

■香港チェク・ラップ・コック空港
面積：1,898ha
滑走路：3,800m×3

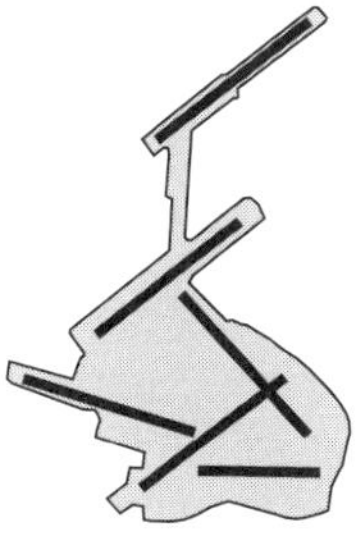

■アムステルダム・スキポール空港
面積：2,400ha
滑走路：3,800m 3,500m 3,400m
3,300m 3,453m 2,014m

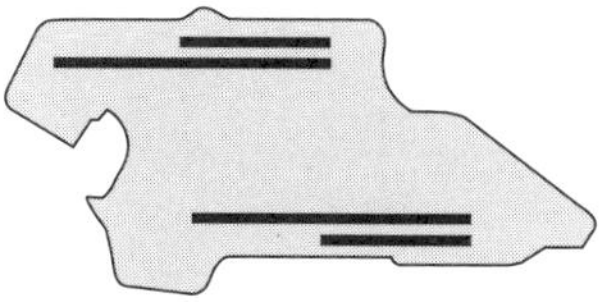

■パリ・シャルル・ド・ゴール空港
面積：(3,250ha)
滑走路：4,200m 4,215m 2,700m×2

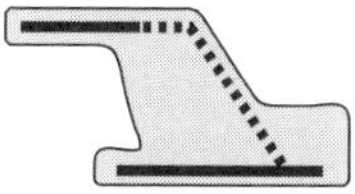

■成田国際空港
面積：1,250ha
(使用中の面積 1151ha)
滑走路：4,000m 2,500m

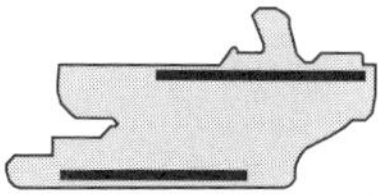

■シンガポール・チャンギ空港
面積：1,300ha
滑走路：4,000m, 3,260m

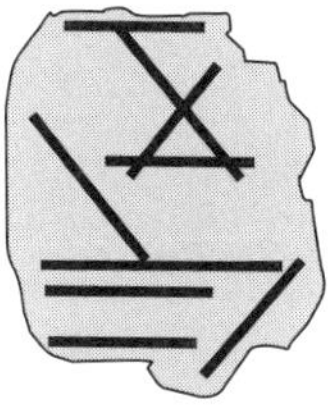

■シカゴ・オヘア空港
面積：3,400ha
滑走路：3,962m, 3,292m, 3,050m, 2,952m
2,428m, 2,286m×3, 2,461m

図 2-4　滑走路の配置例

副滑走路は主に横風用である。わが国では仙台空港がこのオープンＶ方式であるが，定期便等多くの航空機はＢ滑走路（3,000m の主滑走路）を使用し，Ａ滑走路（1,200m の副滑走路）は横風制限に抵触しない場合でもセスナ等の小型機で利用され，使用滑走路の分離を行っている。

(4) インターセクション滑走路【Intersection Runway】

主滑走路と副滑走路を斜めに交差させて配置する方式で，狭い空港用地に配置できるが，2本の滑走路の同時使用はできないので，処理能力は向上しにくい。わが国では新潟空港や八尾空港がこの方式である。

写真 2-2　八尾空港（インターセクション滑走路）

空港の豆知識　滑走路方位の標識（滑走路番号）

羽田空港の例では，A 滑走路(34L/16R)や C 滑走路(34R/16L)のように滑走路の後に 34 や 16 といった番号がついている。この番号は滑走路指示標識と呼ばれるもので，実際滑走路上に大きく表示（ペイント）されている。これらは，滑走路の向いている方向を 10 度刻みで 36 の方向に分割し表示している。具体的には真北が 36 で真南が 18，真東が 09 で真西が 27 という具合である。これらはパイロットから使用する滑走路が違っていないか確認するためのものであり，飛行機が進んで行く方向の方位（番号）を示している。たとえば南北に配置されている滑走路で，真南から真北に向かって着陸する場合の滑走路番号は 36 となる。ちなみに羽田空港にはほぼ真南に向いた平行な 2 本の滑走路がある。これらの滑走路番号はどちらも 34 であるが，違う滑走路であり誤認しないように，進入方向から見て左側に見える滑走路に L（Left）を，右側に見える滑走路に R（Right）を付記している。

また，風向も 36 の方向で示すが，この場合は吹いてくる方向の番号で表示される。ちなみに羽田で冬場北風が吹く場合その方向は 34 とか 36 で表記され，使用する滑走路は 34 となる。すなわち風が吹いてくる方向と使用する滑走路の番号は，通常は同じもしくはほぼ同じになるのである。36 の北風が吹いているのに滑走路 18 を利用する場合もあるが，これはテイルウインドオペレーション（追い風運用）と呼ばれる。たとえば航空機騒音の関係で使用する滑走路が制限されているといった場合に起きる運用である。この場合でもテイルウインドの値が追い風の制限値を超える場合には離着陸できないことになる。

2-2　着陸帯，過走帯，滑走路端安全区域

空港では，滑走路の周りを四角に取り囲むような形で，一定の幅と長さの平坦な長方形の区域を設定し，これを着陸帯と称している。これは，航空機が離着陸時に滑走路を逸脱した場合や，航

空機の進入復行（着陸のやり直し）などで低空を通過する場合に備えて，障害物のない平坦地を確保するためのものであり，無線装置や気象観測機器のように航空機の運航に必要な施設・設備以外は設置できないものである。

着陸帯の長さは滑走路長に過走帯の長さ（60m×2）を加えた長さで，着陸帯の幅は，滑走路長によって決められる滑走路の等級と計器用か非計器用かによって決められる。たとえば長さが3,000m で計器用の滑走路では，着陸帯の長さは 3,120m で幅は300m である。着陸帯はある程度の地盤強度を保つ平坦な土地として造成され，舗装をしないで芝地にするのが一般的である。

滑走路の両端部には過走帯（Overrun Area）が設置される。これは，離着陸する際に滑走路を越えて走行し停止するオーバーランや航空機が着陸時に滑走路手前に着地してしまうアンダーシュートに対応するためのもので，長さ 60m が確保される。

過走帯のさらに外側には滑走路端安全区域（RESA：Runway End Safety Area）が設置される。これはオーバーランまたはアンダーシュートへの対応を強化するためのエリアであり，着陸帯の両端に設けられる。わが国では 2013 年にその大きさ等の基準を改正しているが，たとえばジェット機が就航する空港であれば，

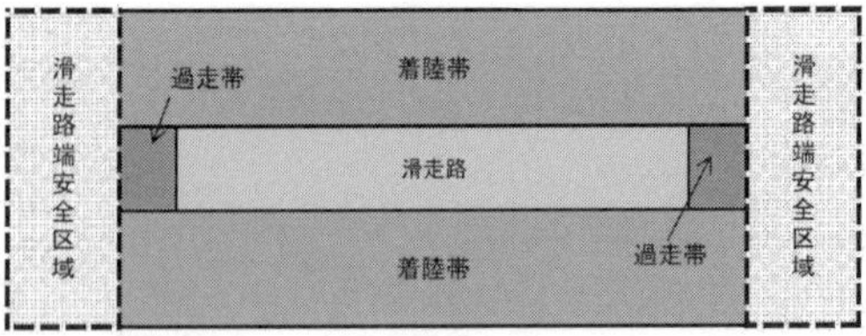

図 2-5　過走帯及び滑走路端安全区域の配置

その長さは 240m 以上，その幅は着陸帯の幅を確保することになる。空港によっては用地も含め確保可能であるが，たとえば羽田空港のように海に面した空港では用地を確保できないこともある。そのような場合には，別途発泡ガラス（リサイクル材）を使用したアレスティングシステム（RESA に進入した航空機を確実に減速させ，航空機の損傷を軽減させるシステムで，RESA の長さ及び幅が確保できない場合の代替措置）を設置することもある。羽田空港では A 滑走路への都心上空からの着陸用に A 滑走路の多摩川側の末端の先に設置されている。

2-3　空港の制限表面

空港では，航空機を安全に離着陸させるために，空港とその周囲の上空部に一切の障害物件を排除した一定の無障害物空間を確保しなければならない。これを，空港の制限表面と称し，航空法に基づき「進入表面」「転移表面」「水平表面」が設定される。

「進入表面」は，航空機の離陸直後と着陸の最終段階に対応する安全空間で，着陸帯の末端から外側の斜め上方に台形状に広がる空間である。この台形の底辺は着陸帯の末端短辺に一致し，長さは延長方向に向かって 3,000m（地表への投影面の長さ）であるが，外側上辺の幅と勾配（傾斜角度）は，着陸帯の等級と計器用か非計器用かで異なる。たとえば，計器用の場合の進入表面は，底辺が着陸帯の幅の 300m，外側上辺の幅が 1,200m，長さが 3,000m，勾配が 50 分の 1 となる。なお進入表面の地表への投影面は「進入区域」と称される。

「転移表面」は，着陸帯の側方の安全空間を確保するために両

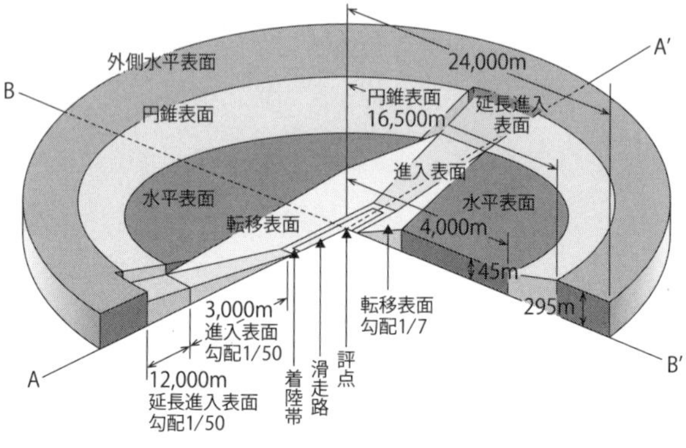

図 2-6　制限表面のイメージ

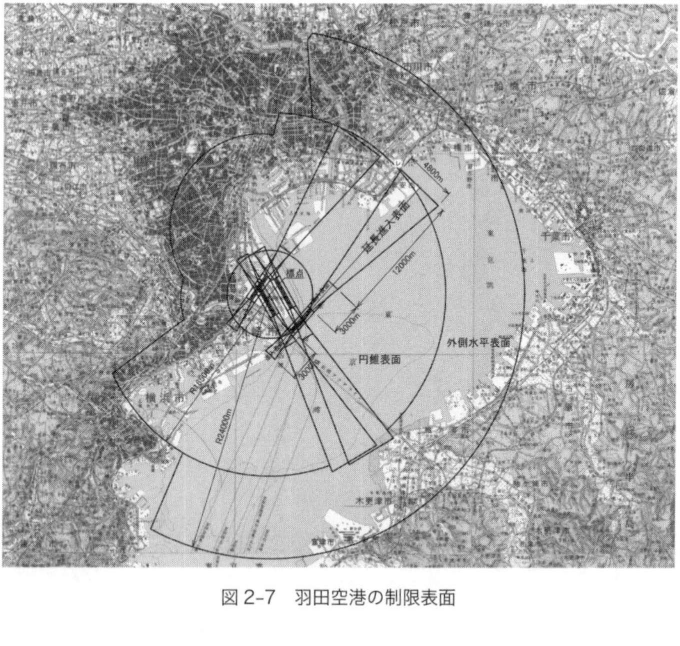

図 2-7　羽田空港の制限表面

側に設定される。底辺は着陸帯の長辺と進入表面の斜辺から始まって７分の１の勾配で着陸帯の外側斜め上方に広がる平面で，その末端は水平表面との接線となる。

「水平表面」は，空港全周の一定範囲の安全空間を確保するために設定される円形の表面である。水平表面は，空港の標点の鉛直上方 45m を中心とする地表面に平行な円で，その大きさは着陸帯の等級によって異なる。長さ 3,000m の滑走路を持つ空港では半径 4,000m である。

以上の３つの制限表面のほかに，ジェット機が就航する主要な空港においては，さらに広域に及ぶ３つの制限表面（延長進入表面，円錐表面，外側水平表面）を指定できるとされている。これらの制限表面のイメージを立体的に図示すれば図 2-6 のとおりであるが，離着陸経路に当たる空間をしっかりと確保するほか，滑走路の直上で旋回・周回する場合，あるいはなんらかのトラブルで離着陸が側方にずれた場合に備えて無障害物の安全空間を確保しようとするものである。

また制限表面の設定は航空機の安全な運航を確保する上で重要な要件となることから，航空法においては，空港設置に当たっての手続きを定めるとともに，公共用の場合には告示で示された進入表面，転移表面，水平表面の上に突き出る高さの建造物等の物件を設置してはならないといった私権の制限も行われることになる。

2-4　誘導路

滑走路に着陸した航空機は滑走路上で制動をかけて安全に停止

した後，地上を走行し決められた駐機場（エプロン）に向かうことになる。このための航空機の地上走行路が誘導路（Taxiway）である。離陸しようとする航空機もエプロンからこの誘導路を使用して滑走路に入ることになる。

航空機の運航回数が少ない小規模な空港では，滑走路と誘導路，エプロンの配置の基本形は図 2-8 のとおりである。この場合，航空機は着陸停止後，滑走路上で U ターンして誘導路に入り，地上走行してエプロンに駐機する。逆に離陸機は誘導路を走行して滑走路に入り，滑走路末端部で転回して離陸滑走を開始する。わが国でも小規模な地方空港の多くはこのパターンである。また航空機の取扱量が増加するのに合わせ，航空機の効率的な地上移

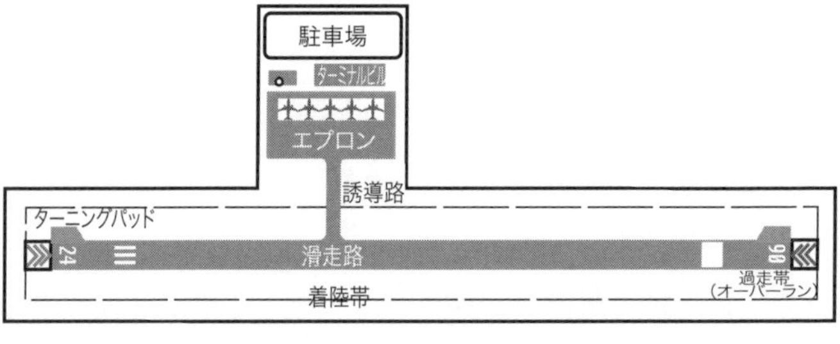

図 2-8　滑走路，誘導路，エプロン配置の基本形

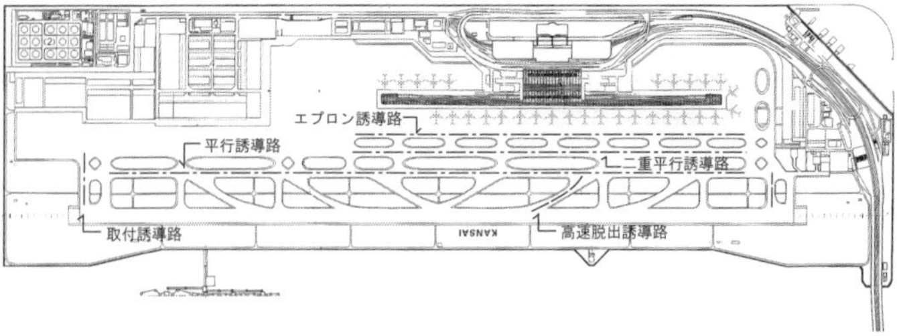

図 2-9　誘導路の種類

動を確保するため各種の誘導路が設置されることになる。

(1) 取付誘導路【Exit Taxiway】

滑走路に直接接続される誘導路。誘導路が 1 本のみの空港では，通常滑走路の中央部付近に配置されるエプロンに対し直角に取り付けられる。

(2) 平行誘導路【Parallel Taxiway】

運航回数の多い空港で，滑走路と平行に設置される誘導路。平行誘導路は，滑走路の両末端部のほか，航空機の着陸停止距離の位置に合わせ通常 500m 程度の間隔に複数設置される取付誘導路によって滑走路に接続される。着陸機は，滑走路上の停止位置に近い取付誘導路を使って滑走路から離脱，エプロンに向かう。一方離陸機は，滑走路上を走行することなく滑走路末端部の離陸滑走開始地点に達することができる。

(3) 高速脱出誘導路【Rapid Exit Taxiway】

滑走路に対し斜め（角度 30 度以下）に取り付けられた着陸機用の取付誘導路。これにより着陸機はある程度まで減速できれば，滑走路上で停止することなく誘導路に進入することができるもので，離着陸が頻繁に行われる空港では，就航する機材毎に滑走路から離脱させる位置を定め設置される。

(4) エプロン誘導路【Apron Taxiway】

平行誘導路は，通常の形式ではエプロンの両端に接続する。エプロンに至った航空機は誘導路の機能を有するエプロン部分を走行し，各スポットに出入りする。このエプロン上をあたかも誘導路のように走行する部分をエプロン誘導路という。誘導路の機能を有するが，施設としてはエプロンの一部として扱われる。

(5) ターニングパッド【Turn around Pad】

交通量の少ない空港では，平行誘導路を設置せず，着陸で滑走路末端付近まで進んだ航空機が向きを変え，滑走路を戻りエプロンへ進んでも大きな支障はない。この場合，機種によっては滑走路の幅員だけでは航空機が回転できないこともある。このために滑走路の両末端部分の幅を広くして，航空機が回転するためのスペースを確保するが，これをターニングパッドという。なお積雪，寒冷地では回転時にスリップすることもあり，より幅広いターニングパッドを設けることになる。

(6) ホールディングベイ【Holding Bay】

滑走路末端部分の取付誘導路を拡幅し，2機以上の航空機が待機できるスペースを確保したエリア。先行する航空機が出発前の点検に時間を要する場合やなんらかのトラブルが発生した場合など，離陸航空機の出発順番の入れ替え，追い越しなどに用いるスペースである。わが国では，同様の目的で取付誘導路を二重に設置し，この機能を付加することが多い。

2-5　滑走路・着陸帯，誘導路の設置基準

滑走路，着陸帯，誘導路，エプロンなどは，航空機の離着陸の安全性に直接関わる施設なので，わが国では航空法及び同施行規則で施設の規格，設置の条件等が厳格に定められている。国際的な施設基準は「国際民間航空条約第14付属書」に定められており，わが国の基準もこれに準拠している。

航空法施行規則では滑走路長を9段階に区分して基準を定めているが，ここでは滑走路長が2,500m以上の空港について，わ

表 2-2　滑走路・着陸帯，誘導路の施設基準（概要）

項　目	施設基準	備　考
滑走路の幅	60m	航空法では 45m 以上とされているが，滑走路中心線からの偏倚等を考慮して，60m が望ましいとしている。
過走帯の長さ	60m	航空機のオーバーラン等の事故に備え，滑走路両末端部に舗装された過走帯 (Overrun Area) を設置する。
着陸帯の幅	(計器用) 300m	ジェット機就航空港は原則的に計器用であるが，空港用地の関係等で着陸帯の幅がとれない場合には，非計器用として 150m 幅としている場合がある。一部の航空保安施設や気象観測施設等必要不可欠として許可されるもの以外は，いかなる物件も設置することはできない。
滑走路端安全区域	(計器用) 着陸帯から 90m を標準とし 240m が望ましい	航空機がオーバーラン，アンダーシュートした際に備え，着陸帯の両端に整地，植生した区域を設ける。
滑走路の勾配	縦断勾配 0.8%～1.0% 横断勾配 1.5% 以内	航空機が高速で地上滑走するため滑走路はできるだけ平坦でなければならないので，許容できる最大の縦断勾配を定めている。滑走路の両端部から全長の 1/4 の部分は 0.8%，それ以外の中央部は 1.0%以内。
着陸帯の勾配	縦断勾配 1.5% 以内 横断勾配 2.5 ～ 5.0% 以内	航空機が滑走路を逸脱した時に緩やかに制動をかけるために最大勾配が設定されている。
誘導路の幅	30m	航空法では 23m 以上とされているが，誘導路中心線からの偏倚（へんい）等を考慮して，30m が望ましいとしている。
滑走路と平行誘導路の間隔	184m 以上， コード F の航空機を対象とする場合は 190m 以上	基幹空港では将来の超大型機の就航も考慮して 200m としている。
二重平行誘導路の間隔	85m 以上， コード F 機を対象とする場合は 95m 以上	基幹空港では将来の超大型機の就航も考慮して 100m としている。
誘導路縁と固定障害物との間隔	39m	誘導路と固定障害物との間で確保すべき間隔は，誘導路を走行中の航空機が中心線を若干はずれても航空機のウイングチップ（翼端）が障害物と接触しないような安全距離を確保する。

注）コード F は A380 など超大型機のカテゴリーで 74 ページ表 2-3 を参照

が国で実際に用いられている具体的な施設基準の内容を表2-2に抜粋して掲げる。

2-6 エプロン

エプロン（Apron）は，航空機が駐機するための施設である。航空旅客はこの場所に駐機した航空機に搭乗し，降機する。旅客にとってはまさに空と地上との結節点である。一方航空機にとっては，ひと時翼を休める場所であるが，送り出す地上支援作業は大忙しである。旅客の乗降，機内の清掃，貨物の積み下ろしを行うとともに，燃料の補給，点検整備など次のフライト準備を慌ただしく行う作業場でもある。整然と駐機している航空機の列の中さまざまな航空会社のロゴマークが鮮やかに映え，空港を強く感じる場所でもある。

注）駐機場はスポット（Spot）とも称されるが，個別に駐機位置を示す場合にスポットを，駐機場のエリア全体をさす場合にはエプロンと称されることが多い。またICAO Annex14では，スポットに代わりスタンド（Aircraft Stand）と称している。

1. エプロンの種類

空港の規模や機能に応じさまざまなエプロンが設けられる。主なものは，次のとおりである。

(1) ローディングエプロン【Loading Apron】

旅客の乗降が行われるエプロン。最も基本的な機能を持つエプロンで，一般の空港ではこのローディングエプロンのみが設置される。大規模空港では，エプロンにハイドランドと呼ばれる航空機燃料給油装置（地下に埋設したパイプ網）や地上動力設備

(GPU：Ground Power Unit) と呼ばれる電源設備の取り出し口が設けられている。

(2) ナイトステイエプロン【Night Stay Apron】

航空機の夜間駐機用に設けられる専用エプロン。通常，最終到着便は旅客を降ろした後そのまま駐機して翌朝の出発に備えるが，就航路線数や便数が多い空港では夜間駐機する航空機が多くなり，始発便以外の航空機をナイトステイエプロンに移動させて夜間駐機させる。また新千歳空港では，冬季の夜間にローディングエプロンの除雪作業を行うことが多いので，専用のナイトステイエプロンを設けている。

(3) カーゴエプロン【Cargo Apron】

貨物の積み下ろしを行う専用エプロン。大量に航空貨物を取り扱う空港では，貨物専用便（フレーター）が就航するので，ローディングエプロンとは別に専用のエプロンを設置する。機材によっては機首部分が大きく上に跳ね上がり貨物を搭載することになるが，その途中で機体後部の方が重くなり，メインギア（主脚）を中心に機首が持ち上がり航空機がしりもちをつく可能性がある。これを防止するために，ノーズギア（前輪）をエプロンに固定するためのアンカーを設けたり，機体後部に突っ張り棒のようなジャッキを装着したりする。

(4) メンテナンスエプロン【Maintenance Apron】

格納庫の前面に設けられる航空機整備用のエプロン。格納庫外での航空機の待機や小規模な航空機整備に用いられるが，わが国では必ずしも整備専用ではなく，ローディングエプロンやナイトステイエプロンと併用されることが多い。

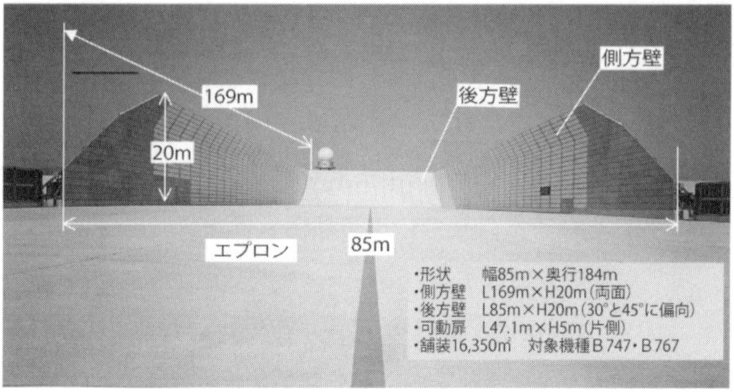

図 2-10　エンジンランナップエプロン

大阪国際空港（伊丹）の大型防音壁。エプロンを大型防音壁で囲う形状で，防音壁は遮音効果の高いコンクリートパネルに吸音材を埋め込んだ材料を使用しており，可動扉のスプリッター（格子）も内部に吸音材を入れた構造となっている

(5) ランナップエプロン【Run up Apron】

航空機エンジンの整備作業を行った後にエンジン試運転（ランナップ）などを行うためのエプロン。航空会社の整備基地がある空港に設置される。エンジンランナップは夜間，早朝に行われることが多いので，極力周辺地域への騒音影響が少ない場所を選ぶ必要がある。しかしながら空港周辺が市街化された伊丹空港などでは，図 2-10 の示すような外周を防音壁で囲んだランナップエプロンが設置されている。

(6) コンパスセッティングエプロン【Compass setting Apron】

航空機にはさまざまな電子機器が搭載されているが，磁力によるコンパスも重要な機器として搭載されている。このコンパスの精度を保つために行う点検・調整作業では，磁場が乱されないように，埋立土などには磁性体を含まないよう留意するとともに，エプロンは鉄筋を使用しない無筋コンクリートにより整備される。またエプロン上には，360 度の方向を示す放射線状のマーキングが施されている。

2. 駐機方式

航空機がスポットに出入りする方式には，図 2-11 に示すとおりノーズイン・プッシュアウト方式（Taxi-in, Push-out）と自走式（Taxi-in, Taxi-out）がある。

ノーズイン・プッシュアウト方式は，到着時に自走でスポットインし，出発時にはトーイングトラクターでスポットから押し出される方式で，ターミナルビル前面に一列に整列したように駐機できるためエプロンのスペース効率が良い。ほとんどの空港で採用され，目にする機会が多い駐機方式である。航空機への搭乗方式として PBB（搭乗橋：Passenger Boading Bridge）が使われるようになるとともに航空機が大型化するのに合わせてもっぱら使用されるようになり，今日ジェット機の駐機は基本的にはこの方式がとられている。エプロン奥行きが小さい場合や駐機する航空機の尾翼が転移表面に抵触する場合などには，斜め向きに駐機させることもある。

これに対し自走式は，航空機がプロペラやジェットエンジンの推力により自走（自力走行）し，スポットに出入りする方式で，わが国では主としてプロペラ機やリージョナルジェットで採用されている。プッシュアウトのためのトーイングトラクターなどの機材が整わない離島などでは B737 などの小型ジェットでも用いられる方式であるが，最近はハンドリング費用が節約できることからコストを切り詰める LCC でこの方式を採用している例が多い。自走式は，航空機がエプロン上で180度回転することになるので，ノーズイン・プッシュアウト方式に比べ航空機の回転に必要なエプロン幅が必要となる。またジェット機の場合，ボーデ

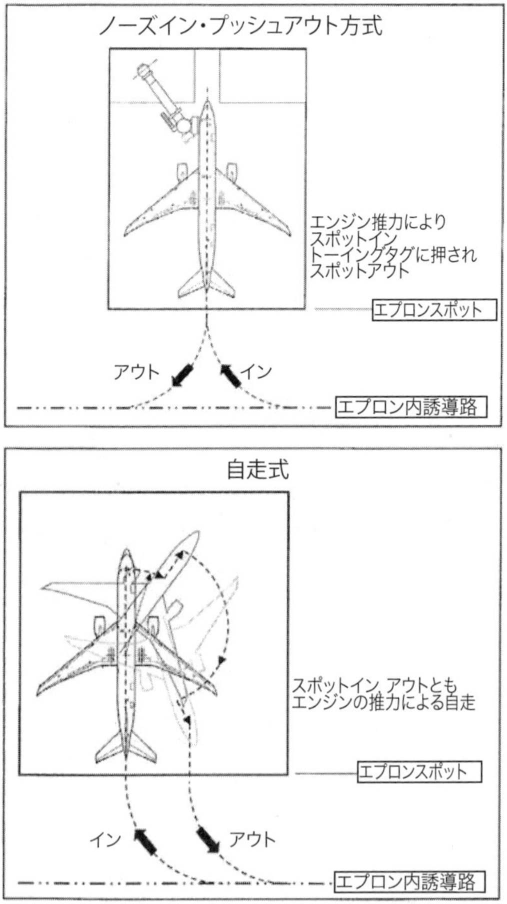

図2-11　駐機方式

出典：国際航空運送協会（IATA）資料

ィングブリッジ（搭乗橋）が使用できないこと，エンジンのブラスト（高速の排気ガス）がターミナルビル側にかかる恐れがあることなどのデメリットもある。

3. エプロンの計画基準

スポットを計画する際には移動中の航空機と駐機中の航空機，あるいは航空機と周囲の建物等との間での接触事故を避けるため，十分な安全間隔（クリアランス：Clearance）を確保する必要がある。航空機のスポットへの出入方式，制限表面（特に転移表面）との関係などを考慮し，図2-12に示す「エプロンの標準

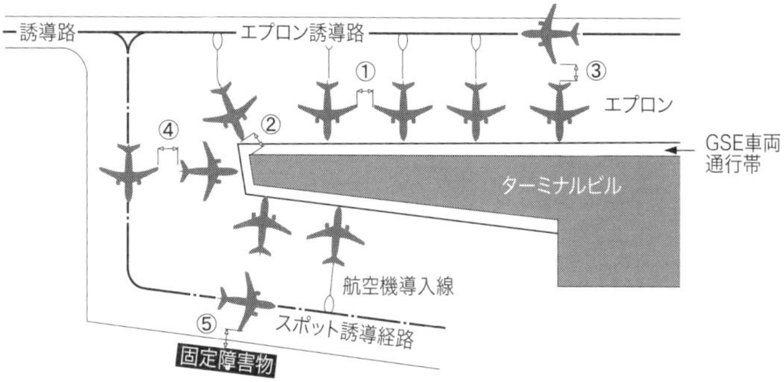

① 駐機中の航空機相互の間隔　7.5m
② 給油中の航空機と建物の間隔　15m
③ エプロン誘導路を走行中の航空機と航空機との間隔　10m
④ スポット誘導路を移動する航空機と航空機の間隔　10m
⑤ スポット誘導路を移動する航空機と障害物の間隔　10m
※上記はB777クラスの航空機の場合

1機当たりのエプロンのサイズ

	幅	奥行き
コードE　（大型ジェット機）	72.5m	190m
コードD　（中型ジェット機）	59.5m	155m
コードC　（小型ジェット機）	40.5m	110m

注）標準的な空港のノーズイン方式のエプロン

図2-12　エプロンの標準形状と航空機クリアランス

表 2-3　航空機のコード

飛行場基準コード(ICAO)		
航空機コード	翼　幅	アウタートラック
A	15m 未満	4.5m 未満
B	15m 以上 24m 未満	4.5m 以上 6m 未満
C	24m 以上 36m 未満	6m 以上 9m 未満
D	36m 以上 52m 未満	9m 以上 14m 未満
E	52m 以上 65m 未満	9m 以上 14m 未満
F	65m 以上 80m 未満	14m 以上 16m 未満

代表機材の航空機コード			
機　種	翼　幅	アウタートラック	航空機コード
A380-800	79.75m	14.34m	F
B747-400	64.92m	12.60m	E
B777-300	60.93m	12.88m	E
B787-8	60.12m	11.60m	E
B767-300	47.57m	10.90m	D
B737-800	35.79m	7.00m	C
A320-200	33.91m	8.95m	C
DHC-8-400	28.42m	9.56m	D

※翼幅とアウタートラックのいずれか大きい方のコードを適用する

形状と航空機のクリアランス」が定められている。航空法施行規則では航空機の翼幅に応じコード A からコード F の 6 段階に区分している。わが国で最も多くみられる B737 はコード C，超大型機である A380 は最も大きなコード F に区分される。

2-7　航空機の運航を支援する施設

1．航空保安施設

空港には，滑走路，誘導路，エプロンだけがあるわけではなく，さまざまな航空保安施設すなわち航空機が安全に離着陸できるように支援するシステムがある。航空保安施設は，航空法第 2 条で「電波，灯火，色彩又は形状により航空機の航行を援助するための施設で，国土交通省令で定めるもの」と規定されており，大きく分けて無線電波を発して航空機に情報を提供する航空保安無線施設，灯火によって夜間や霧などの視界が悪い時にもより鮮明

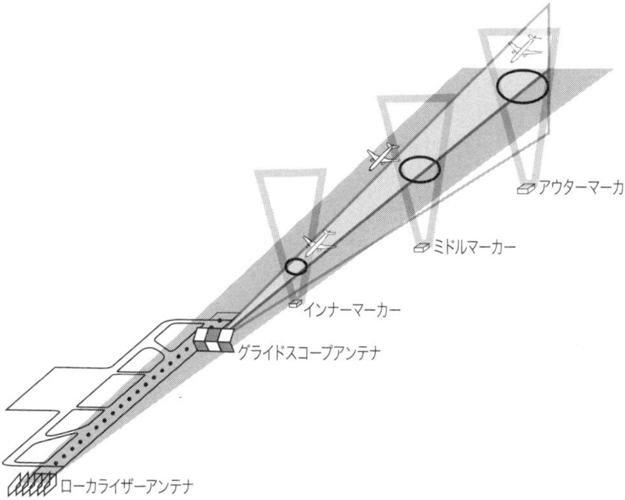

図 2-14　ILS の概念図

に位置情報を提供する航空灯火及び滑走路面上のマーキングなどの飛行場標識がある。概要は次のとおりであるが，詳細は，図2-14，図2-16，図2-17を参照されたい。

(1) ILS【計器着陸装置：Instrument Landing System】

航空機の着陸を支援する装置で，パイロットに対し最終進入時の航空機のコースが左右にどの程度ずれているかを認識させるLLZ（ローカライザー），上下にどの程度ずれているかを認識させるGS（グライドスロープ）及び滑走路端までの距離を確認するマーカー（進入コース直下の所定の位置に設置され指向性電波を発信）で構成される。

(2) VOR/DME【超短波全方向式無線標識施設 VOR：VHF Omni-directional Radio Range, 距離情報提供装置 DME：Distance Measuring Equipment】

航空機の飛行を支援する装置。VOR 及び DME から発射された電波を受信した航空機側では，航空機が進んでいる方向や DME までの距離情報を得ることができる。

図 2-15　ASR 空港監視レーダー

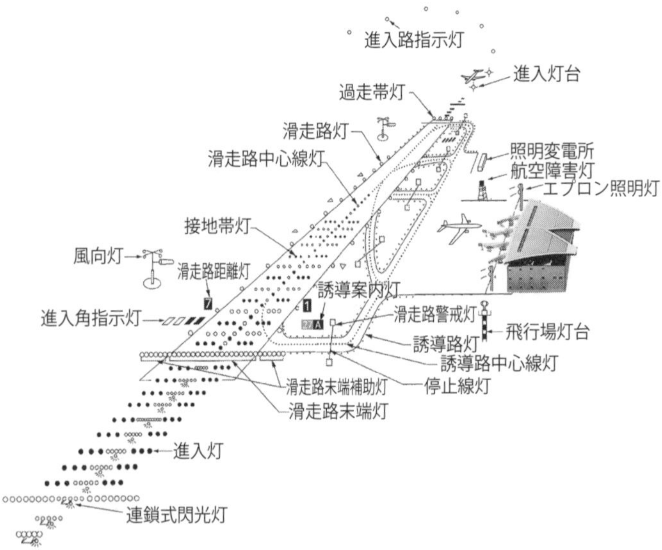

図 2-16　航空灯火の種類と配置

(3) ASR【空港監視レーダー：Airport Surveillance Radar】

空港周辺の空域を飛行する航空機の位置等を捕捉するための施設。レーダーから発射された電波が航空機に反射し戻ってくることでその位置を確認するもので，空港から概ね 100km 範囲をカバーしている。また一部の空港には SSR（二次監視レーダー：Secondary Surveillance Radar）が設置され，飛行する航空機の識別番号，フライト情報等を確認している。

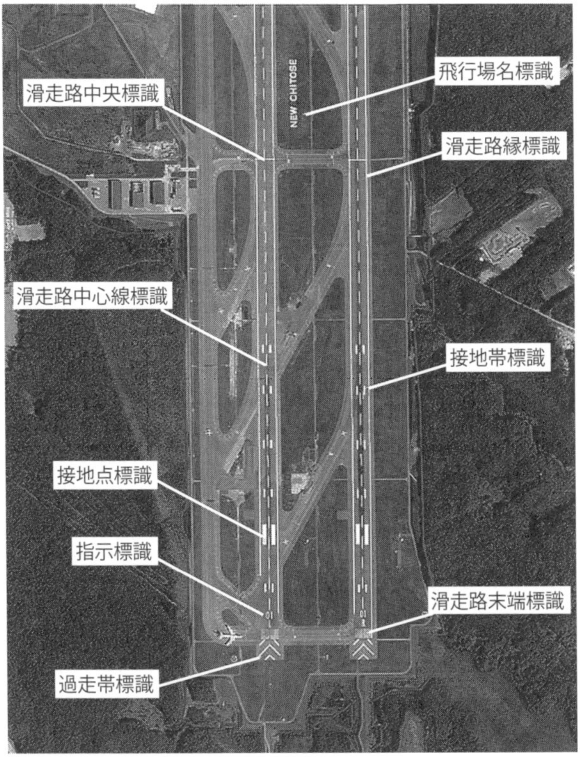

図 2-17　飛行場標識の種類

(4) 航空灯火

着陸時の滑走路の方向や進入角度，滑走路の側方の縁や末端，滑走路の中心位置等を示すもの。滑走路の中心位置を示す滑走路中心線灯のようにその上を航空機が走行する灯火は，航空機の地上走行の邪魔にならないように滑走路の中に埋め込まれている。

(5) 飛行場標識施設

パイロットが滑走路や滑走路上の具体的な位置を確実に認識できるように，滑走路には末端部，中央位置，側方の縁，着陸の目標となる設置帯，滑走路方位表示標識など白いペイントでマーキングされた標識が設置されている。

2. 航空機に対する地上支援業務

エプロン上では駐機中の航空機に対して，次の目的地への離陸へ向けてさまざまな支援作業が行われている。その概要及び関連する施設・設備は，次のとおりである。

(1) 航空機への燃料給油

航空機燃料には，ケロシン系のJET A-1と呼ばれるものが使われている。一般に使用されるガソリンとは違うものなので，空港には専用の燃料貯蔵施設（燃料タンク群）が置かれている。航空機への給油は，通常レフューラー(Refueler)

写真 2-3　成田国際空港の石油ターミナル
提供：成田国際空港㈱

と呼ばれるタンクローリータイプの専用給油車で行われるが，給油回数や給油量が多い空港では，地下に埋蔵された輸送管路，エプロンに埋め込まれた給油バルブを経由し，航空機と給油バルブを中継する車両（サービサー）経由で給油するハイドランドシステム（Hydrant System）が採用されている。

(2) 航空機の整備

航空機の安全運航には，確実な整備（Aircraft Maintenance）が不可欠である。出発・到着時の日常点検などはエプロン上で行われるが，主要な部品の交換，一定の飛行時間ごとの定期点検整備，さらには機体塗装，機内装備改良，オーバーホールなどの重整備については，原則として格納庫において行われている。格納庫はすべての空港に配置されるものではなく，航空会社が航空機の整備基地とする空港に限られるものであり，わが国では，成田空港，羽田空港，伊丹空港，関西国際空港等に置かれている。

写真 2-4　格納庫内の航空機整備作業の例
羽田空港にて

(3) 駐機中の航空機へのサービス作業

駐機中の航空機に対しては，給油や航空機整備のほかに，機内の清掃，トイレの給排水や汚物処理，機内食の積み下ろしなどさまざまなサービスが行われる。機内食サービスは「ケータリング（Catering）」と呼ばれるが，特に国際線では大量の食事や飲み物が必要で，航空会社が特約している専門業者が調理・調整から積

トーイングトラクター

ハイリフトローダー

コンテナドーリー

ステップ車

ベルトローダー

タンクローリー

ケータリング車

給油サービサー

写真 2-5　空港で使われる特殊車両（GSE 車両）

撮影：関西国際空港にて柴崎庄司氏

み下ろしまでを請け負っている。

また主要な空港では，エプロン下に埋設した管路によりエプロン上のピットを経由して電力（115/200V 400Hz）を直接駐機中の航空機に供給するシステムが敷設されており，「GPU：空港動力設備（Ground Power Unit）」と呼ばれている。航空機には，APU（補助動力装置：Auxiliary Power Unit）が装備されており，それを使用し航空機エンジン起動や機内照明の点灯，空調を稼働させることはできるが，効率性や環境面で本システムを使用するのが望ましいものである。一部の空港では，環境への配慮から駐機中にはAPUを使用せずGPUを使用することを義務付けや推奨している空港もある。

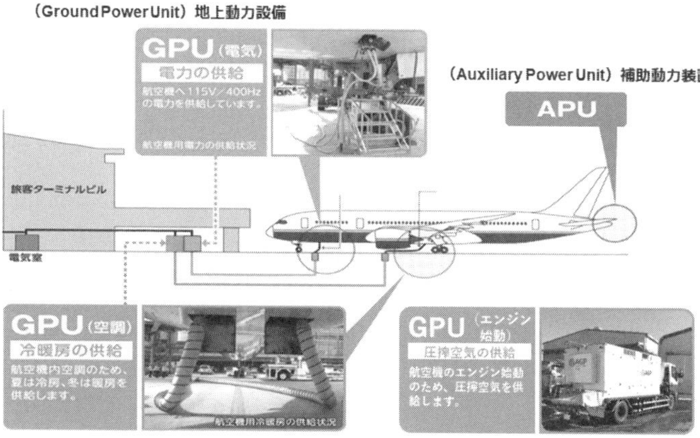

図2-18　地上動力設備（Ground Power Unit）の概要

提供：エージーピー㈱

第３章　旅客・貨物を取り扱う施設

3-1　空港ターミナル地域

空港はその機能から「離着陸区域」とその他の「空港ターミナル地域」とに分けられる。滑走路，誘導路，エプロンなどの航空機が離着陸，地上走行する地域を「離着陸区域」，旅客が航空機に乗降するローディングエプロンも含め旅客ターミナルビルや貨物取扱施設，道路・駐車場，燃料貯蔵施設，庁舎・管制塔などの施設や航空機支援施設が立地する地域を「空港ターミナル地域」と称している。また，旅客ターミナルビルや貨物取扱施設から見て航空機側を「エアサイド」，道路・駐車場がある側を「ランドサイド」と称することもある。

空港ターミナル地域の中でもエプロン，旅客ターミナルビル，前面の道路・駐車場や鉄道駅など一般旅客が直接利用する施設の配置計画は，空港の利便性やサービスレベルを決定づけることになる。同時にこれらの施設は，空港運用の機能性や効率性，さらには空港経営の採算性にも大きく影響することから，空港が発展し大規模化してきた歴史においても，計画上のさまざまな工夫がこらされてきた。エプロンとターミナルビルの配置，形状の計画を「ターミナルコンセプト」と呼び，以下のような多様な方式がある。

(1) フロンタル方式【Frontal System】

最もシンプルな配置で，航空機のスポットの前面にターミナル

写真3-1　北九州空港のターミナル地域（フロンタル方式）

ビルを置く方式。空港の発展の初期段階はすべてこの形であり，現在も便数，旅客数の少ない小規模空港では，予備スポットを含め最小限の2スポットのエプロンの前面に小さなターミナルビル，さらにその前面に駐車場があるのが一般的である。便数が増加するに従いエプロンとビルを左右方向に拡張するパターンで，わが国の地方空港ではほとんどこのコンセプトで計画されている。

(2) フィンガー方式（ピア方式）【Finger System（Pier System)】

エプロンの奥行きを深くし，メインターミナルビルから複数のコンコースを突き出して，その片側または両側にスポットを並列配置するコンセプト。大型ジェット機のエプロンは，1機当たり横幅が70mほど必要なので，10スポットを並列すれば全長700mにも及ぶことになる。配置するスポット数が多くなれば搭

写真 3-2　中部国際空港のターミナル地域（フィンガー方式）

提供：中部国際空港㈱

乗ゲートまでお客を延々と歩かせることになるので，大規模な空港では，フロンタル方式ではなく「フィンガー方式（ピア方式）」を採用している。わが国では那覇空港国内線ターミナルや中部国際空港がこれに当たる。

(3) サテライト方式【Satellite System】

チェックイン等の手続きを行うメインターミナルビルとは別に，エプロンの中央部にコンパクトな乗降用のサテライトビルを設けて，周りに効率よくスポットを配置するコンセプト。メインターミナルビルとの間は地上または地下のコンコースで連絡される。パリ・シャルル・ド・ゴール空港の第1ターミナルビルや，わが国では新東京国際空港第2ターミナルビルがこれに当たる。エアサイドのサテライトと本館とは，供用を開始した時点では自動運転の軌道システム（AGT：Automated Guide-way Transit

写真 3-3　パリ・シャルル・ド・ゴール空港の第 1 ターミナル（サテライト方式）
提供：Dmitry Avdeev 氏（duzik@mail.ru）

System，あるいはピープルムーバーと呼ばれる。）で結ばれていたが，現在はさまざまなサービス施設が設置されたムービングサイドウォーク付きのコンコースに変わり，旅客は自らの足で移動している。

(4) ユニットターミナル方式【Unit Terminal System】

フロンタル方式の小規模のターミナルとスポットと駐車場の組み合わせを 1 つのユニットとして，複数のユニットを配置する方式。フィンガー方式やサテライト方式ではどうしても旅客の歩行距離が長くなるので，小分けしたユニットを並べる方が，利便性は高いという発想である。主にアメリカにおいて計画された事例が多く，ニューヨーク ジョン・F・ケネディ空港は，このエアライン別のターミナルを 1 つのユニットとして環状に配置したユニットターミナル方式である。

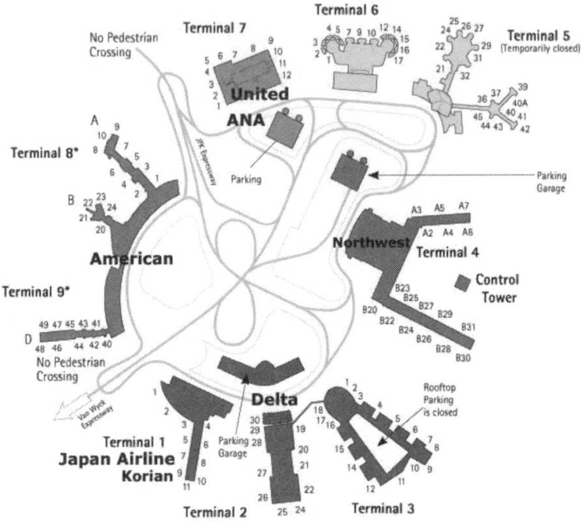

図 3-1　ジョン・F・ケネディ空港配置図

(5) オープンエプロン方式（リモートゲート方式）【Open Apron System（Remote Gate System）】

ターミナルビル本館からバスなどにより沖留めスポットに旅客を輸送する方式。ワシントン・ダレス空港の計画に当たりデザインを担当した建築家サーリネンは，駐機する航空機のサイズが変更されるたびにエプロンやビル，搭乗橋等の建て替えや改造工事をしなければならないという従来のコンセプトの

写真 3-4　モービルラウンジ

問題点を指摘し，ターミナルとエプロンを分離独立した上で，「モービルラウンジ」と呼ばれる昇降式のバス（ラウンジとしての快適性を備えたバスで，乗降時には車体の乗客が乗っているレベルを航空機のドアのレベルまで昇降させる）で旅客を送迎するコンセプト。

(6) リニア方式【Linear System】

フロンタル方式を拡張した形で，左右に長く伸ばしたコンコースに沿って多数のスポットを横一列に配置する方式。エアサイドの航空機の運航効率を高める（航空機が複雑な動きをすることによるロスを低減させる）ことを目的としている。この場合旅客の歩行距離は長くなる可能性があるが，高性能の AGT などにより

写真 3-5　関西国際空港のターミナル地域（リニア方式）

提供：関西国際空港㈱

旅客の歩行距離と移動時間が短縮できるようになり，スポットの配置がシンプルで拡張性も優れているので，近年この方式が多く採用されている。関西国際空港は全長 1,700m 近い巨大なビルに 41 スポットを配置したリニア方式である。

(7) ハイブリッド方式【Hybrid System】

エプロンターミナルコンセプトは以上のような変遷を経てきたが，大空港になると複数のターミナルコンセプトが持ち込まれることが多い。アトランタ空港では，本館がフロンタル，エプロン中央部には地下を走る AGT で結ばれる直線のサテライトが平行に 6 棟並ぶ。この形式は，特にミッドフィールド・ターミナルコンセプトと呼ばれ，交通量が多く乗り継ぎ客の多い空港に適し，近年オープンした大空港で類似の計画が多い。ソウルの仁川空港もこれに該当する。

写真 3-6　アトランタ国際空港（ミッドフィールド・ターミナル方式）
同空港の正式名称は，Hartsfield-Jackson Atlanta International Airport
提供：Daniel Piorowski 氏

3-2　旅客ターミナルビル

1. 旅客ターミナルビルの構成と規模

旅客ターミナルビル（PTB：Passenger Terminal Building）は，出発旅客が搭乗手続きを行い，快適に待ち時間を過ごし，場合によっては食事やショッピングを楽しむ場所であるとともに，到着旅客が預けた手荷物を受け取り市内へ向かう場所である。また人々が集い，別れる場所，空の旅の楽しさを演出する場所でもある。一方航空会社にとっては，航空機の運航を管理し航空旅客を案内し，確認し，セキュリティチェックをして安全に搭乗させ，また手荷物の受け渡しを行うための重要な場所である。このような目的に沿って旅客ターミナルビルには，機能面やサービス面を考慮したさまざまな施設が配置される。空港の規模によっても異なるが，大規模な空港を想定すれば，旅客ターミナルビルを構成する主要な施設・設備は表3-1のとおりである。

旅客ターミナルビルの規模は，旅客が便利に快適に過ごすための十分な広さと，乗降が集中しても対応できる処理能力を持つべきであり，頻繁なビルの増改築により利用客に不便をもたらすことのないよう望ましくは将来の旅客の増加も受け入れられる余裕を持ちたい。しかし当然ながら，大きすぎるスペースは，運営コストに跳ね返り，航空会社の負担増，ひいては利用客への負担を増加させることから，おのずと限界があるといわざるを得ない。

空港の乗降客数には季節的な変動をはじめ，連休・曜日などによる変動もある。国内線の場合，年間の最大日と最小日ではおおむね2倍程度の開きが生じている。サービスレベルの許容範囲の問題ではあるが，最大ピークの混雑時にもゆとりある空間を求めることは，通常時には常に無駄なスペースをもたらすことになり，わが国の国内線では，一般に年間変動の上から 50 番目あたりの多客日の旅客数を規模算定の標準とする考え方で，年間乗降客数の 300 分の 1 の乗降客数を計画対象乗降客数とすることが多い。

実際の旅客ターミナルビルの規模は，就航機種（座席数），出発便・到着便ダイヤの重なり，将来の拡張性，ビル運営の採算性などを考慮して検討することになる。現在のターミナルビルの規模は，ビルの建設時期によってばらつきがあるが，空港の規模別に平均的な事例を挙げれば，年間旅客数が 10 万人以下で小型プロペラ機のみが就航する離島空港では延床面積が数百 m^2 から千 m^2 程度。年間旅客数が 40 万人クラスの庄内空港は約 5,000m^2，100 万人クラスの旭川空港は約 1 万 3,000m^2，300 万人クラスの宮崎空港が約 2 万 8,000m^2，2,000 万人近い新千歳空港は約 24 万 m^2 である。また関西国際空港の第 1 ターミナルビルは 1 棟で約 30 万 m^2，羽田空港は第 1，第 2 合わせて約 48 万 m^2，成田空港は同様に計約 80 万 m^2 もの延床面積である。これらは一般の都市建築物に比しても有数の巨大ビルであり，1 棟で延床面積 30 万 m^2 という建物は，東京ドームの敷地いっぱいに 6，7 階建てのビルを建てた場合に匹敵するほど巨大なものである。

表3-1　旅客ターミナルビルの主な施設と設備

分　類	名　称	機　能
出発旅客用施設	出発カーブサイド	空港へのアクセス道路がターミナルビルに寄り付き，バス，タクシーなどの降車スペースとなる。交通量に応じた接車台数分の長さが必要。
	チェックインロビー	ターミナルビルの入口で，航空券の発券，搭乗手続き(チェックイン)，手荷物預かり等の航空会社カウンターが置かれ，その行列・待ちスペースが必要。
	出発ロビー	チェックインロビーと一体の空間となることが多く，搭乗手続き後の旅客・送迎者向けの待合，食事，買い物などの自由スペース。寛ぎを感じ購買欲をそそる工夫が重要。
	保安検査場	金属探知機・X線透視等により機内持ち込み手荷物や携行品の安全検査を行う。近年のテロ・ハイジャック対策でますます厳重な検査が要求されている。
	ゲートラウンジ	出発旅客用の待合スペースで，各ゲートの直近に設けられる。エアサイドや搭乗する航空機を見せ，搭乗の最終段階であることを感じさせる。
	バスラウンジ	バス輸送を行うオープンスポットの航空機に搭乗する旅客が待合のために利用するゲートラウンジ。暗く閉鎖的になりがちであり工夫が必要。
到着旅客用施設	バゲージクレーム	エアラインの受託手荷物を返却するスペースで，手荷物を載せるターンテーブルと手荷物照合用のローテーブルが設置される。
	到着ロビー	到着客の一時的な滞留スペースで，出迎え客用の待合スペースが必要。観光，宿泊，市内へのアクセス，レンタカーなどの案内カウンターが設けられる。機内からの解放感を与えるために吹き抜け空間をおくことが多い。
	到着カーブサイド	到着ロビーに接し，帰路へ着く，あるいは目的地に向かう旅客がバス，タクシーなどを待ち，乗車する。待ち時間が発生するため，出発カーブサイドより長さを必要とする。
サービス施設	コンセッション	ビル内に設置されるレストラン・売店などを総称してコンセッション（Concession：原意は売り場などの使用権）と呼ぶ。大半は出発ロビーに設置されるが，一部はゲートラウンジや到着ロビーにも置かれる。近年，特定旅客のためのラウンジとして，エアライン別，VIP用，会員制，その他有料のラウンジが多く設けられるようになってきた。
見学者施設	展望デッキなど	わが国のほとんどの空港では，一般見学者や送迎者向けに見学者施設が置かれている。航空機の発着が見える場所としてターミナルビルの屋上が利用され，展示コーナーなどを併設するケースも多い。

特殊設備	搭乗橋	旅客の乗降に使用されるボーディングブリッジ。(「空港の豆知識」98 ページを参照)
	手荷物取扱システム	BHS：Baggage Handling System と呼ばれる。手荷物の検査システムが組み込まれることが多い。(「空港の豆知識」92 ページ参照)
	歩行補助システム	大規模な空港では，AGT：Automated Guideway Transit System と呼ばれる自動運転の軌道システムが数多く採用されており，自力走行の列車型やケーブルで牽引する水平エレベーター型などがある。短い距離では動く歩道（Moving Sidewalk）が多い。
	インフォメーション	空会社や便名，搭乗ゲート，遅延の有無，搭乗の状況を可変表示する。空港の一つのイメージであった回転表示式から大型液晶表示に変わりつつある。
管理施設	事務所	航空会社の運航管理，乗員のブリーフィング，旅客取扱部門の事務所，ビル会社の管理部門，セキュリティ，コンセッション業務の管理部門等を置く事務所スペースが設けられる。
国際線用施設	税関検査場	関税法に基づく税関（Customs）検査場。バゲージクレームと一体となっており，出口付近に検査カウンターを置く。覚せい剤・麻薬・銃器など禁制品の持ち込みに対する厳しい検査を実施するため，見通しのきくエリア内を目視できることが要求される。
	出入国管理	出入国管理および難民認定法に基づくパスポートチェック等（Immigration）を行う。出発旅客はゲートラウンジの入口，到着旅客はバゲージクレームの入口において検査ブースがある。
	検　疫	検疫法に基づく検査（Quarantine）で，特に伝染病発生地域からの入国便について申告・相談コーナーが置かれる。
	植物防疫／動物検疫	植物防疫法に基づく果実，種子，花き類の検査（Plant Quarantine）と狂犬病予防法および家畜伝染病予防法に基づく食肉，皮革等の検査（Animal Quarantine）で，主にバゲージクレームの出口に検査カウンターを置く。
	CIQ 官庁事務室	国際線旅客の検査は，税関，出入国管理，検疫の頭文字をとって CIQ と総称される。各検査場に近接して CIQ 官庁事務室を置く。
	国際線旅客サービス施設	コンセッションの一部として出国審査後のエリアに免税売店が設けられるほか，基幹空港では，乗継旅客用の長時間の待合スペースとしてトランジットラウンジがあり，チケットのクラス別に各種エアラインラウンジが設けられる。

空港の豆知識　手荷物取り扱いシステムの話

航空旅客が出発空港で航空会社に手荷物を預け，到着空港で引き取る方法は航空輸送の独特なものであり，手荷物の搬送等で使用されるシステムをバゲージハンドリングシステム（BHS:

Baggage Handling System）という。旅客の手荷物は，出発空港で手荷物チェックイン⇒搬送⇒出発手荷物荷捌《にさばき》場⇒積み込み，到着空港で積み下ろし⇒到着手荷物荷捌場⇒バゲージクレーム⇒引き渡し⇒受け取り照合という流れで取り扱われる。

手荷物のチェックインでは，通常カウンター前の X 線検査装置でセキュリティチェックを受けた上で預けることになるが，最近の大規模空港では，その煩わしさをなくすために預けた後にベルトコンベヤーで搬送する途中で自動的にセキュリティチェックを行うインライン方式が採用されている。

また最近は，チェックインや手荷物を預けることも自動化され，航空会社の職員と接することなく自らチェックインし，手荷物を預けるという流れが進んできている。

2. 旅客ターミナルビルの計画と設計の要点

(1) 旅客ターミナルビルの階層計画

便数・旅客数が少ない空港では，「1 層式」と呼ばれる簡素な平屋建てのターミナルビルで十分であるが，ジェット機が就航する空港では，通常 2 階建てのビルが建設される。1 階には出発旅客のチェックインロビー，バゲージクレーム，到着ロビーといっ

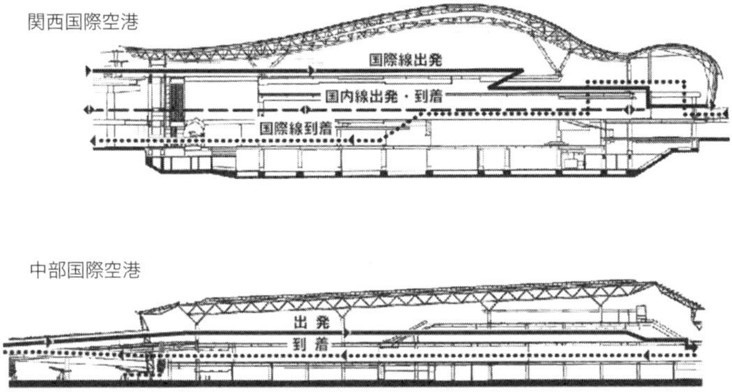

図 3-2　関西国際空港と中部国際空港のターミナルビルの階層計画

出典：関西および中部国際空港資料より作成

たビル機能に加え，カーブサイドが設置され，2階には出発ロビー，ゲートラウンジなどが設けられる。この一部2階建ての計画を「1層半式」と呼んでいる。航空機の乗降口と搭乗橋のレベルが建物の2階レベルに相当するので，わが国ではこの階層計画が多く採用されている。

さらに便数・旅客数の多い大規模空港では，1階に出発・到着両方の施設が収容しきれなくなるとともに，カーブサイド（Curb side：バス，タクシー，自家用車等の乗降場及び歩道部分を指す）の接車のための長さ・スペースも不足するので，到着旅客用施設と出発旅客用施設を完全に1階と2階に分離する「2層式」のターミナルビルを計画することになる。この場合，前面のカーブサイドも2層化され，2階建て（ダブルデッキ）の道路を建設することになる。羽田空港，成田空港，福岡空港国際線ビル，那覇空港国内線ビルがこの階層方式である。

(2) 施設配置と動線計画

旅客ターミナルビルの計画において，わかりやすい旅客動線の確保と歩行距離の短縮は重要な要素である。バスや鉄道で空港に着いた出発旅客が必要な手続きをして航空機に搭乗するまで，あるいは到着旅客が航空機から降りて市内に向かうまで，スムーズな流れで自然に動けるような施設配置と導線計画が求められる。

ターミナルビルの建築上のポイントを挙げれば，「利便性」，「快適性」，「わかりやすさ」の3点に集約できるだろう。「利便性」は，搭乗手続きやセキュリティチェックなどの手続きが簡単にでき，いたずらに長く歩かされることなく搭乗ゲートに行けること，旅客動線上の適切な位置に必要な規模のレストラン，売店，ロビー

などがあることである。チェックイン，旅客の歩行距離は，一般に300mを超えると苦痛になるといわれており，行きつ戻りつ

国際線出発ロビー

ゲートラウンジ

写真 3-7　関西国際空港ターミナルビルの内部空間

提供：関西国際空港㈱

といったジグザグな動線は避けるとともに，長距離になればムービングサイドウォーク（動く歩道）やAGTなどの歩行補助手段を講じる必要がある。特に老人や身障者等歩行弱者への配慮が望まれるところである。「快適性」は，手続き時の混雑や長い行列がないこと，広く外が見渡せる場所に十分な数の椅子が備えられた見通しの良い待合スペースがあり，欲をいえば，観光客，子ども連れ，ビジネス客など旅客の特性に応じて賑わいと静かさが共存できるような空間の構成が望ましい。「わかりやすさ」では，明瞭なサインと簡潔なインフォメーションによって必要な案内がなされていることが基本であるが，本来これらによらずとも次に向かうべき方向性が空間的，建築的に明示されていることが理想である。

ターミナルビル内の施設配置計画や動線計画は時代とともに変化してきている。たとえば旅客のチェックイン方式の進化は顕著で，かつては出発カウンターでのチェックインが不可欠であったものが，自動チェックイン化が進み，必要なカウンターの長さは大幅に縮小され，さらにWeb上で手続きを済ませ，チェックイ

写真 3-8　自動チェックイン機

日本空港ビルデング㈱，
日本航空㈱の協力の下，撮影

写真 3-9　自動受託手荷物機

日本空港ビルデング㈱，
日本航空㈱の協力の下，撮影

ンカウンターに立ち寄ることなく保安検査場に向かうチケットレスの利用者も増えている。また近年，空港会社の収益拡大の一環としてセキュリティチェックを終了した先に回遊式の売店等を配置する事例も出てきている。

(3)　セキュリティの確保

航空のセキュリティチェックは他の交通機関に例を見ないほどの厳しさである。旅客にとっては煩わしいものであるが，テロ・ハイジャックの危険性や脅威を踏まえれば致し方ない。このため出発旅客と手荷物のセキュリティチェックを厳重に行うことはもとより，空港ターミナルビル内では，セキュリティチェックを受けた旅客のみが入れる保安区域（クリーンエリアと呼ぶ）と送迎客などを含め自由に入れる区域（ダーティエリアと呼ぶ）を明確に分離している。この境界をなす壁はガラス壁を含めて天井までの高さとし，出入り口は厳重にロックするか，警備員を置いて出入り口をチェックする必要がある。また従業員や商品搬入車などの出入り口も厳重に管理しなければならないが，そもそもこれらの従業員の動線と一般客の動線が交差しないような建築計画上の配慮が必要である。また近年わが国にも導入されているボディスキャナーは，靴を脱ぎ，ベルトや時計を外してガラスの円筒状の器機に入り，両手を上げると検査機器が体をぐるりと一回りし，検査が終わる。また

写真 3-10　スマートレーン

日本空港ビルデング㈱，
日本航空㈱の協力の下，撮影

機内手荷物用の検査機器も高性能化，高速処理が可能なスマートレーンの導入が始まっている。このように検査機器の性能向上は進んできているが，空港によっては設置するスペースの問題，検査を実施する職員確保の問題等新たな問題が発生してきている。このような中，セキュリティ検査の実施主体，検査のあり方といった検討も進められている。

(4) サービス施設

航空旅客にはビジネス客あり，観光客あり，また若者，老人，そして子ども連れの家族など実にさまざまな人々が含まれる。またターミナルビルでは，早めに空港に来て食事，買い物をゆっくり楽しみたい人，出発時間ギリギリに到着して慌ただしく飛び立っていくビジネスマンなど，そのニーズもまた多様である。このようなニーズに応えて最近の空港ターミナルビルではさまざまな工夫がなされている。

一方交通弱者に配慮したバリアフリー化も進んできており，エレベーター，トイレ，誘導用床タイル，スロープ等の整備が進められたほか，中部国際空港や羽田空港の国際線ターミナルビルなどでは，計画段階からバリアフリーの考え方をさらに進め，障害の有無にかかわらず誰もが使いやすいユニバーサルデザインにより設計された。建物のみならず，羽田空港国際線ターミナルビルのPBBは段差のない

写真 3-11　宮崎空港の PBB

提供：宮崎空港ビル㈱

フラットな床となっているほか，モノレールの駅では車両が着くとホームから踏み板がせり出し，車両とホームとの隙間を埋めるといった工夫もなされている。

宮崎空港に設置された最新の PBB は，延伸部分の長さを長くとることで勾配を緩やかにし，小型ジェット機や，これまでは利用できなかったプロペラ機にも使用可能となっている。また最近は，無人で稼働するタイプの導入も進められている。

空港の豆知識　搭乗橋（ボーディングブリッジ）の話

ジェット機が就航する空港では，旅客の乗降に搭乗橋（PBB：Passenger Boarding Bridge）が用いられることが多い。航空機からステップ車の階段を降りて乗り換える手間を考えれば，アップダウンもなく，風雨にさらされず，エプロンを歩く安全上の問題もなくなるので，大変優れた設備であるといえる。

搭乗橋は，ターミナルビル2階レベルとスポット脇に設置するロタンダ（Rotunda 円形の塔屋）を結ぶ固定橋と，ロタンダから伸縮・旋回が可能なブリッジからなる。ブリッジを縮めた状態で待機し，航空機がスポットインした後にブリッジを伸ばしつつ旋回して，航空機の乗降口に接続して使用する。初期の PBB はターミナルビルからブリッジ部が直接つけられ，旋回はしないものであったが，今日の搭乗橋はフレキシブルにさまざまな機種に対応できる。

3-3 貨物取扱施設

1. 航空貨物の輸送

航空貨物の輸送形態には，荷主（荷送人）が空港の航空会社の窓口に持ち込んで委託して輸送し，到着空港で荷受人に引き渡す直接的な方法のほかに，航空会社と契約を結んでいる代理店（フォワーダー：Forwarder）が仲介してドアツードアで輸送する方

写真 3-12　米国メンフィス空港の貨物ターミナル
貨物航空会社 FedEx の基地として壮大な貨物取扱施設が展開されている
提供：メンフィス空港当局

法も広く使われている。また混載業者（Consolidator）が荷主から集めた小口貨物を目的地別に大口の貨物に仕立てて，航空会社に運送を委託する事業も行われている。

また国際貨物では，フォワーダー業務や通関業務も含めて一切の航空貨物輸送が行える専門の貨物航空会社があり，インテグレーター（Integrator）と呼ばれている。米国のフェデックス（FedEx），UPS（United Parcel Service），欧州の DHL などがこの大手である。わが国の国際貨物輸送専門の航空会社としては日本貨物航空（NCA）がある。

航空貨物は通常旅客機の胴体下部にある貨物室（ベリー：Belly）に搭載して運ばれるが，大量の航空貨物がある国際線の幹線や貨物航空会社等では貨物専用便を使用している。1機当たりの貨物積載能力は，ベリーに搭載する貨物（ベリーカーゴ）の場合，小型ジェット機で5～10トン，B767等中型ジェット機で20トン，ジャンボジェット機等では25トン程度である。これが貨物専用機になれば，中型のB767F（FはFreighter：輸送機の意）では約60トン，大型のB747Fでは約110トンもの貨物が搭載できる。なお最新の超大型機であるA380は140トンの搭載能力がある。

2. 貨物取扱施設

空港の貨物取扱施設は，旅客ターミナルビルから少し離れた位置に設置されているので，航空旅客や一般の来港者には気づかれないことも多い。空港内の交通混雑を緩和するために貨物トラックの交通と一般交通と分離した方が望ましいが，一方エアサイドでは，旅客便に搭載されたベリーカーゴはできるだけ短距離で貨物取扱施設に搬送しなければならないことから，あまり遠くても不便になる。ターミナルビルから適当な間隔をおいて左右のいずれか，または両側に配置されているのが一般的である。

国内線の貨物取扱施設の基本形は，エアサイドに面して建てられる「航空会社上《うわ》屋《や》」とその背後（ランドサイド）に建てられる「航空貨物代理店上屋」及び付帯するトラックヤードという構成で，この間の貨物取扱いのフローは，以下のとおりである。

(1) 出発貨物

【搬入】

市内から集めた貨物を代理店上屋に運び込む。

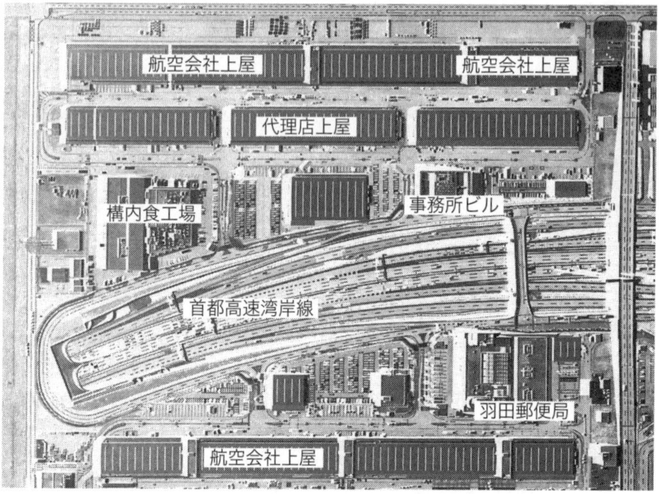

写真 3-13　羽田空港の国内貨物取扱施設

提供：空港施設(株)

【運送の委託】

代理店が伝票等を整理して航空会社上屋に持ち込む。混載貨物では代理店が大口貨物に仕立てる。

【メイクアップ】

航空会社は複数の代理店から運び込まれた貨物を，行き先別，品別に仕分けし，航空機に搭載する。貨物はコンテナに収納する場合が多いが，中小型機では，専用の台座に荷物を積み上げて，網をかけて固定するパレット方式も使

写真 3-14　航空貨物のコンテナ積み込み作業

出典：全日空パンフレット

写真 3-15　成田国際空港の貨物地区

提供：成田国際空港㈱

われている。

(2) 到着貨物

【ブレイクダウン】

航空機から取り下ろされた到着貨物を航空会社上屋に運び込み，コンテナやパレットをばらして受取人別に仕分けする。

【搬出】

代理店は委託貨物の引き渡しを受けて，受取人に配送する。国際貨物では，これに加えて税関，動物検疫，植物防疫，食品衛生等の検査が必要となるので，さらに取り扱いが複雑である。輸出貨物は空港内（または空港外）のフォワーダー施設（税関の指定を受けた保《ほ》税《ぜい》蔵《ぞう》置《ち》場《じょう》）に搬入され，通関手続き（税関への輸出申告 ⇒ 税関の審査・検査 ⇒ 税関の許可）を行った上で，航空会社の貨物上屋に搬入される。逆に航空機から下ろした輸入貨物は，航空会社の輸入貨物上屋に搬入し，税関などによる検査，通関手続きを経てフォワーダーに引き渡される。空港は麻薬や銃刀類，輸入禁止品などの違法物品を取り締まる水際線でもあり，迅速でかつ厳密な検査が要求されている。また近年，通関手続きなどの規制緩和も進められ，空港外のフォワーダー上屋で通関し，空港との間を保税輸送する割合が増加してきている。

3. 航空貨物のセキュリティ

一般の人が目にすることが少ないが，航空貨物についても保安検査は実施される。荷主，航空貨物代理店等は，搭載前に必ず爆発物検査（X 線検査装置，爆発物検査装置，開披検査）を貨物保管場所にて実施し，空港の航空会社上屋に持ち込まなければならない。航空会社においては，航空貨物代理店等により検査が実施されていることを確認し航空機に搭載するが，持ち込まれた貨物が保安検査設備を有さない事業者からの持ち込みであったり，混載貨物の一部に未実施の貨物が混じっている場合などは，航空会社施設において保安検査を実施しなければ搭載できないこととなっている。

3-4　アクセス施設

市内と空港を結ぶアクセス交通には，バス，タクシー，自家用車などの自動車交通，モノレールなどを含めた鉄道交通，そして高速船などの海上交通がある。市内からのアクセスルートはさまざまであるが，空港には旅客ターミナルビルに近接して道路・駐車場，駅舎，港などの交通ターミナル施設が設置される。空港へのアクセス交通は，交通混雑や環境問題の観点から，バス，鉄道など公共交通機関が選択されることが望ましい。国土交通省航空局が実施した 2017 年「航空旅客動態調査」によれば，鉄道アクセスが整備されている羽田空港では，平日で 55.1％（休日で 50.4%）の旅客がモノレールまたは京浜急行で来港し，地下鉄が便利な福岡空港では，平日で 59.7%（休日で 50.2%），新千歳空港では，平日で 43.9%（休日で 41.1%）の鉄道利用率である。定時制に優れ料金も手頃なこともあり，多くの旅客が利用している。

鉄道アクセスのない地方空港では，やはり自家用車の比率が高くなり 50% 超えるところが多くなる。地方公共団体の管理する空港では，駐車場を無料とするところも多く，公共交通機関が成立しにくい環境のもと自家用車利用者を支援している。また北海道や沖縄など観光旅客が多い空港では，レンタカーの使用比率が高いのが特徴で，稚内空港や中標津空港といった北海道の空港や離島空港で 30% を超える利用率を示している。また最も高かったのは宮古空港の 48.2%（休日で 50.8%）である。

アクセス施設の概要は，次のとおりである。

1．道路・駐車場

空港へのアクセス道路は，市内からの幹線道路を経由して空港近くで分岐して空港に至る場合が多い。稀な例として羽田空港は，首都高速道路を空港内に抱き込んだ形になっているが，交通量の多い幹線道路を直接空港内に入れる方式は利便性は高いものの，時に空港の混雑が幹線道路へ直接影響するとともに，一方で通過交通が空港へのアクセスに影響を与えるなど混雑を招きかねず，空港外でいったん整流の上，専用道で空港へ導く方が望ましい。わが国の一般的なルールでは，空港入り口までは地方公共団体あるいは国の道路部局が管轄で整備・管理し，空港敷地内は構内道路として空港管理者が整備・管理を行っている。

(1) 構内道路

一般旅客・来港者が利用する構内道路は，空港入り口からターミナルビル前面を通って出口まで周回する経路で，わが国では原則として右回りの一方通行で計画されている。もちろん貨物施設や管理施設に行く商用来港者用の構内道路も必要であるが，できるだけ空港内の他の交通と交錯しないようにする別ルートで計画することが望ましい。また構内道路の計画ではスムーズな交通量を確保するために，駐車場の入出庫動線の分岐・折り込み，タクシー・バスプールからの合流，横断歩道・信号の位置など詳細な検討が行われる。

(2) 乗降場

交通混雑の原因となりやすいのはターミナルビル前面における乗降場で，便利な位置に必要な台数の停車帯（この長さを「接車フロント長」という）を確保しなければならない。旅客数の少ない地方空港ではビル前面の1車線をあてれば十分であるが，旅客数が多くなると，バス，タクシーの乗降場だけでも必要な接車フロント長が長くなり，バス，タクシー，自家用車のレーンを分けて乗降させるなどの工夫が必要となる。さらに長い接車フロン

写真 3-16　新千歳空港のカーブサイド（左）と観光バスプール（右）

ト長を必要とする大規模空港では，ターミナルビルに合わせて前面道路を出発と到着の２層になったダブルデッキ構造にすることになる。出発系のカーブサイドでは自家用車であれタクシーであれ，航空旅客を降ろした自動車はすぐに出ていくのに対し，到着系のカーブサイドでは自家用やタクシーの到着客待ちが発生し，おのずと停車時間が長くなり混雑の一因となる。

(3) タクシー・バスプール

ターミナルビル前面の混雑を避けるため，客待ちのタクシーは最小限の待ちスペースをカーブサイドに確保し，残りは別途設けられるタクシープールで待機させることが望ましい。バスも同様で，空港が路線バス，リムジンバスの終点になるので路線・便数が多い所では,配車待ちのためのバスプールを設ける必要がある。また観光地の空港ではツアー客用の観光バスのための専用バスプールを設けている。なお近年，空港におけるレンタカーのニーズが高まってきており，利用者にとっては空港内にレンタカーのプールがあればより便利ではあるが,現在のところその例は少ない。多くは空港の近隣にレンタカー基地を整備し，空港との間で旅客を送迎する対応をとっているが，レンタカーの機動性を損なう結果となっている。旅客ニーズの多様化が進む中，用地の制約はあるものの，より便利な対応が検討されることを期待する。

(4) 駐車場

空港には航空客の送迎や空港見学などに用いられる数時間以内の短時間駐車と，旅客が空港に自家用車を置いて旅行や出張に出かける場合の１日あるいは数日と長期に利用する長時間駐車の機能が求められる。いずれの場合もビル前面あるいはすぐ近くに十分な収容能力のある駐車場を用意することが望ましいが，混雑する空港では，少し離れた場所に割安の長時間利用者向け駐車場を用意する場合もある。また大規模空港では用地の有効利用や歩行距離の短縮のために，駐車場の立体化が進められている。空港内に設置されている駐車場の規模は，大型ジェット機が就航し年間旅客数が 100 万人を超える空港ではおおむね 1,000 台前後，新千歳，伊丹，那覇空港クラスで 3,000 台程度，羽田空港は各国内線ターミナルビル前に 2 棟，合計約 1 万台の規模であるが，必ずしも年間旅客数等の空港規模に比例しているわけではない。これは市内からの距離，鉄道アクセスの有無，確保できる駐車場用地の大きさなどの事情が異なるほか，近年空港によっては，空港の近くで民間の送迎付き有料駐車場が数多く立地してきていることなども影響している。また夏休み，年末年始には，航空客の増加以上の混雑を駐車場が見せることがある。帰省や旅行などで数日間にわたり駐車する利用者が増え，実質的な収容台数が減ることが原因の場合が多い。

2. 鉄道施設

現在わが国で鉄道系のアクセスが整備されている空港は，羽田，成田，関空，伊丹，中部，新千歳，福岡，那覇，宮崎，仙台及び神戸の 11 空港である。鉄道系のアクセ

図 3-3　羽田空港アクセス線の新設
出典：交通政策審議会答申（平成 28 年 4 月 20 日）

スは，その定時制や大量輸送の面で大変優れているが，膨大な初期投資の問題や採算性の面からある程度の規模の空港に限られるのが実情である。多くは空港に近い位置で本線から分岐され空港内に乗り入れられるが，空港においては，地下で乗り入れターミナルビル地下に駅を設けるケース，地上で乗り入れターミナルビル前面に駅を設けるケースがある。

現在羽田空港では，京浜急行線，モノレール線に加え，2030 年供用予定で JR 貨物線の一部を活用する JR 新線の整備が進められている。品川方面から第 2 旅客ターミナルビルへ至るものであり，羽田空港のさらな

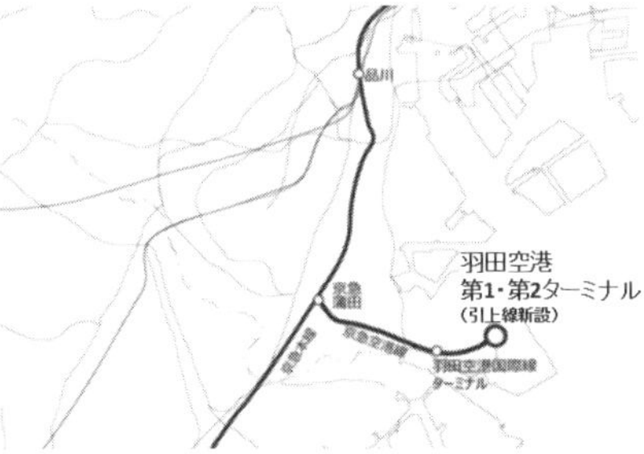

図 3-4　京浜急行線羽田空港第 1・第 2 ターミナル駅引上線の新設

出典：交通政策審議会答申（平成 28 年 4 月 20 日）

凡例　▪▪▪▪羽田空港アクセス線　━━京浜急行線羽田空港第 1・第 2 ターミナル駅引上線

図 3-5　羽田空港での鉄道アクセスの改善

出典：国土交通省関東地方整備局東京空港整備事務所 HP

る利便性向上に寄与するものである。また京浜急行線については，終点地点での引き上げ線の整備を行い能力向上を図ることとしている。また東急多摩川線矢口渡駅付近から，東急蒲田駅・京急蒲田駅付近の地下を経由し，京急空港線大鳥居駅に至る通称蒲蒲線は，2022 年 6 月，東京都と大田区との間で事業費負担が確認されたところであり，2030 年代後半の供用開始が待たれるものである。さらに地方では，熊本空港において新たな鉄軌道の乗り入れが地元関係者を中心に JR 九州も参画し検討が進められている。

3. 海上アクセス施設

現在わが国では，関西国際空港，中部国際空港及び長崎空港に海上アクセスが運航している。また現在，わが国最初の海上アクセスであった大分市—大分空港間のホーバークラフトによる海上アクセス再開の検討が進められている。

図 3-6　旅客ターミナルのイメージ

出典：大分県資料

4. 空飛ぶクルマ

図 3-7　空飛ぶクルマ離着陸場イメージ

出典：SKY DRIVE 社 HP

大阪・関西万博の開催に合わせ社会実装の検討が進められている空飛ぶクルマであるが，その利用目的の一つとして空港の２次交通が期待されている。現在機体の開発が進められる一方で，地上施設や運航管理等の基準作りが国において進められている。

垂直に離着陸が可能な空飛ぶクルマであるが，基準整備に当たっては欧米での基準との整合性確保の観点から国内基準は大阪関西万博以降の整備になるとされており，それまでの間は場外離着陸場基準を準用することも検討されている。

空港及びその近傍において離着陸場を配置する場合には，空港の制限方面との関係，運航する航空機との関係等解決すべき課題も多いが，空港アクセスの多様化，利便性の向上の観点から，今後整備が進むことが期待されている。

第４章　空港管理

空港が安全に，かつ，効率良く機能するためには，普段は目にしない次のような施設・業務も必要である。

4-1　空港管理施設

空港において航空輸送の主役は航空機であるが，航空機は勝手に動き回っているわけではない。たとえば出発に際しては，事前に航空局へのフライトプラン（飛行計画書）の提出が必要だし，実際に旅客を乗せて出発するためには，管制官からの許可が必要となる。このように航空機は，国が実施する航空保安業務（航空管制業務，航空管制運航業務，航空管制技術業務）により管理されるとともに，気象庁が行う航空気象業務の支援を受けて運航している。

空港において最も高い建築物は管制塔で，タワーとも呼ばれている。管制塔の最上階には飛行場管制室が置かれ，着陸のため最終進入経路を周回中の航空機への指示や，出発に当たっての許可の発出，さらには誘導路を経由し滑走路とエプロンの間を行き来する航空機へ指示を出したりしている。そのため管制塔は，滑走路，誘導路といった施設を見渡すとともに，周回進入経路を含む着陸コースを見渡せる必要があり，空港の中で一番高い建物となっている。

管制塔に隣接し，通常，空港の管理事務所が配置される。空港全体の管理者が入居する建物で，国管理空港であれば航空保安業務，滑走路といった基本施設の維持管理業務，空港の警務・消防業務，管理部門といった航空局の組織（空港事務所といい，そのトップが空港長）や，気象庁の組織が入居している。さらには電源関係施設や無線機器室も入っており，ある意味空港の心臓部である。

写真 4-1　羽田空港の新旧管制塔と庁舎

4-2　消防施設

2007 年に那覇空港のエプロン上で爆発炎上した中華航空機の生々しい映像が記憶に残っている読者も多いことだろうが，消防車の配備は，空港にとって不可欠である。ICAO の基準に従い，わが国では不測の航空機事故に備えるために自衛の消防車両の配備と消防水利システムの整備を空港管理者の責務として実施している。

消防車は，就航機種等によって配備台数やその能力が定められている。大型ジェット機が就航する空港には大型の化学消防車が配備されているが，たとえば福岡空港や那覇空港では水 1 万 2,500 リットル級の大型消防車が 2 台と 3,000 リットル級の消防車が 1 台，計 3 台の消防車と給水車等が配備されている。これらの消防車は，滑走路の末端も含む事故現場に，事故の発生から 3 分以内に到着できなければならないため，エアサイド内の場周道路に面した位置に消防車庫が配置される。ちなみにこの大型消防車は一般の市内で使われている消防車車両より大きいだけでなく，時速 100km で走行し，1 分間に 6,000 リットルの泡溶液を高速放射できる速攻型の能力を持っている。

写真 4-2　大型化学消防車

このほかに消防指令車や緊急医療作業車なども配備されている。また継続して消火活動を行うためには，これらの消防車に水を供給する必要があるが，空港においては，貯水槽または消火栓が滑走路，誘導路，エプロンに沿って一定間隔で配置され，いかなる場所でも給水が可能となっている。なお空港におけるさまざまな事案に対応するため，各空港とも地元の自治体消防と協定を結び，緊急事態に対応できる体制を整えている。

空港の豆知識　バードストライクの話

航空機に鳥が衝突するバードストライクは，空港にとって頭の痛い問題の一つである。離着陸の低速飛行の時に多く，わが国だけでも年間 1,000 件程度にも達するといわれている。最も被害が大きいのは鳥がエンジンに吸い込まれるケースで，分解修理に数千万円もの費用がかかることがある。海岸の空港ではカモメなど，山間地の空港でトビなどが多く，むしろバードストライクの問題に困っていない空港の方が珍しいかもしれない。

各空港では，パトロールと散弾銃や空砲などで防止対策をとりつつ，鳥が嫌う音を出す装置や花火などさまざまな対策を実験しているが，抜本的な解決策には至っていない。近年羽田空港等では，鳥の群れを監視するレーダーを配置，鳥の動向を把握し航空機に伝えたり，エンジンに吸い込まれた鳥のDNAを鑑定し，鳥の種別ごとに異なる行動や生態を分析してバードストライク防止に取り組むなど，より踏み込んだ対策を探り始めている。

4-3　空港施設の維持管理

建設後の適切な保全や維持管理が必要であるのはどの分野でも共通であるが，特に空港施設については，航空機の安全運航に直接関わることとして決しておろそかにできないものである。滑走路，誘導路，エプロン等の舗装構造物については，ひび割れ，クラック，段差，轍《わだち》掘《ぼ》れ，剥離などの舗装面の異常や，石ころなど路面上の異物の有無，マーキングの見えにくさ等を日常的に点検し，清掃や不具合の補修を行うとともに，地震や台風後は特別点検を行っている。ジョット機が就航する滑走路にはグルービングと呼ばれる溝が刻まれ，滑走路表面の雨水の排水性能を良くしているが，グルービングを含め滑走路表面は，着陸時などに航空機タイヤのゴムが付着し，排水性能を低下させ，路面の摩擦係数の低下を招くことになる。このため離着陸回数の多い空港では，定期的にゴム除去作業が行われる。また着陸帯の草刈りやその他付帯施設の点検補修も欠かせない。海上で埋め立てによって空港を建設する場合には，空港敷地は護岸によって囲まれ，山岳地で造成して建設する場合には，切土・盛土部に擁壁やのり面ができあがる。いずれも大規模な土木構造物で歪みや沈下などの継続的な計測と管理が必要である。

寒冷地空港では除雪作業が空港管理者の苦労の種である。迅速

写真 4-3　除雪作業

に除雪作業が行えなければ長時間にわたって空港がクローズされ，遅延，欠航，ダイバート（目的地変更）等が発生し，旅客や航空会社の利便性を損なわれることになる。豪雪地域では十分な除雪車両台数と作業員を常時確保し，気象情報を確認しながら手回し良くスピーディーに作業を行う体制を整えている。新千歳空港の例では，高速で回転するブラシによって路面の雪は跳ね飛ばすスノースイーパー，雪をかき寄せて押し出すスノープラウ，雪を側方に飛ばすロータリー，深い雪や雪堤を除去するモーターグレーダーなどの大型除雪車両を合計 100 台近くも配備している。同空港では除雪時間の短縮に努めてきており，現場の目標は約 30 分であるが，なにしろ滑走路だけでも幅 60m，長さ 3,000m の 2 本分に積もった雪を一挙に除雪するわけであるから，実に大変な作業である。また近年，除雪車両の無人運転の研究も進められている。

4-4　供給処理施設

電気，ガス，上下水道，熱源といった供給処理施設も，空港の円滑な運用にとって不可欠の施設である。

空港の電力需要には，航空保安施設用とターミナル施設用（一般用）があり，電力会社から高圧で受電し，空港内変電所で低圧にして各施設に配電されることが多い。なかでも空港のレーダー，管制施設などの航空保安施設用電力は停電が許されないので，商用電源を複数の系統で受電するとともに，仮に停電が発生した場合でも，瞬時に自家発電するバックアップ電源に切り替わるシステムを構築している。なお切り替えの際のタイムラグをなくすため，一定時間電力を供給する無停電装置（大型のバッテリー）も整備している。

羽田，成田，関西の各空港では，空港内に中央エネルギープラントを設置し，冷水や高温水（羽田空港は蒸気）といった熱源をターミナルビルなどの建物に供給する地域冷暖房システムが採用されている。地域冷暖房システムは，個々のエネルギー需要を取りまとめ一括で熱源を製造するため，全体としてのエネルギー効率が高くなるとともに，個々の建物においてはボイラーや冷凍機といった熱源を製造する機器が不要となるといったメリットがある。

空港で使用する上水は，通常公共水道から分岐して空港内に引き込まれる。一方下水は，公共下水道へ放流されるか，空港内で所定の水質基準以下に処理後，河川，海域に放流される。成田や関西では，処理後の排水をさらに高次処理して，トイレの洗浄水などに用いる中水システムが採用されている。また航空機内のトイレ

写真 4-4　関西空港の SD プラント
駐機中の航空機からトイレ排水を抜き取り，特殊な処理設備で浄化するプラントで Sanitary Disposal の略称

提供：空港施設㈱

などから出る汚水については，エプロン上で抜き取り，専用の汚水処理施設（SD プラント：Sanitary Disposal Plant）で処理している。

4-5　発生する事案への対応

皆さんはこれまで，航空機を利用し旅行した時にトラブルに巻き込まれたことはないだろうか。たとえば，利用する航空機の到着が遅れた結果出発時刻が遅れたり，利用予定の航空機がキャンセルになり，急きょ鉄道で目的地まで向かったとか。はたまた搭乗待合室で出発を待っていたら，セキュリティチェック前のエリアまで戻され，改めてセキュリティチェックを受けさせられたとか。

空港システムが稼働する中，日々さまざまな事案（トラブル）が発生する可能性がある。出発時間が少々遅れる程度のものもあれば，時に空港が閉鎖されるといった事態もあり得る。このようなトラブルへの対応は空港管理の基本であるが，ここでは，過去に発生した事案を紹介するとともに，それらに対し現在どのような取り組みが行われているか解説したい。

ほぼ毎年のように発生する自然災害は，時に空港の運用にも影響を与えることがある。実際に空港の運用に大きな影響を与えた災害としては，集中豪雨，台風，地震，津波といった災害が思い返されるが，1993 年以降わが国で発生した主な自然災害のうち空港に 1,000 人以上の滞留者が発生した事案は，次のとおりである。

1. 発生した事案

【2016 年 12 月 22 日㈭〜 24 日㈯　新千歳空港　大雪】

・12 月 22 日から 23 日にかけて北海道では記録的な積雪を記録。滑走路の処理能力が低下し，新千歳空港では 22 日から 24 日の 3 日間で延べ 611 便が欠航。

・空港に接続する鉄道やバスが運休し，最大約 6,000 名の滞留者が発生。

写真 4-5　ターミナルビル内の混雑状況

出典：国土交通省資料

【2018 年 1 月 22 日㈪　成田空港　大雪】

・関東地方各地で積雪が発生する中，成田空港でも最大 13cm の積雪を記録。除雪作業のため一時滑走路が一時閉鎖され，大幅な遅延や多くの欠航便が発生。

・鉄道等の空港アクセスは一部で遅延・運休が発生したものの終日運航していたことから，出発客が旅客ターミナルビルで最大約 9,900 人の滞留者が発生。

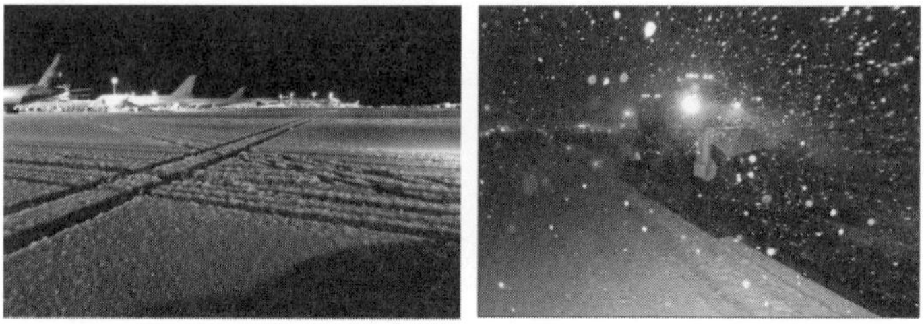

写真 4-6　降雪時の状況

成田空港における大雪の状況（左）と滑走路の除雪作業（右）

出典：成田国際空港資料

【2018 年 9 月 4 日㈫　関西国際空港　台風 21 号】

・台風の通過に伴い高波が護岸を越え滑走路やターミナルビルが浸水。発生した停電などで空港が閉鎖。

・さらに強風により走錨《そうびょう》したタンカーが空港連絡橋に衝突して橋桁を破壊し，空港島が一時孤立。最大約 7,800 名の大量の滞留者が発生。

写真 4-7　台風時の状況

空港島（1 期島）の冠水の様子（左）とタンカーが衝突した関空連絡橋の様子（右）

提供：近畿地方整備局（左），大阪航空局（右）

【2018 年 9 月 6 日㈭　新千歳空港　北海道胆振《いぶり》東部地震（千歳市で震度 6 弱）】

・地震発生に伴い，国内線・国際線ターミナルビルのスプリンクラーの故障とこれに伴う浸水，一部天井パネルの落下等の被害

写真 4-8　災害時の空港

発災直後の国内線ターミナルビル内の様子（左），ターミナルビル内の混雑状況（右）

出典：国土交通省資料

が発生。

・加えて北海道の広範囲にわたる停電が発生し，国際線・国内線旅客ターミナルビルも停電。アクセス鉄道も停電の影響で運休となり，最大約 1,200 名の滞留者が発生。

【2019 年 9 月 9 日㈪　成田空港　台風 15 号】

・強い勢力の台風が関東地方に上陸し，成田市では最大瞬間風速 45.8m/s を記録。千葉県を中心に家屋の屋根が崩壊。停電等大きな被害が発生。

・成田空港においてはアクセス鉄道や高速道路が機能不全となり，大量の滞留者が発生。1 万人を超える旅客がターミナルビ

写真 4-9　台風時の成田空港

成田駅構内（家屋倒壊・軌道内支障）（左），ターミナルビル内の滞留状況（右）

出典：京成電鉄㈱資料（左），成田国際空港㈱資料

ルで夜を明かした。

2. A2-BCP

空港における自然災害の歴史は，各種自然災害に対する対応の歴史でもある。国土交通省航空局では，空港の災害対策について，2007 年に「地震に強い空港のあり方」を，2011 年には「空港の津波対策の方針」を策定し，各空港における地震，津波対策を進めてきた。その後，東日本大震災の教訓及び中央防災会議等における検討結果を踏まえ，2015 年には「南海トラフ地震等広域的災害を想定した空港施設の災害対策のあり方とりまとめ」を作成し，広域的で大規模な災害の発生を想定した空港施設の災害対策について公表した。さらに 2016 年には，災害発生時に人命の安全確保を図る避難計画や空港施設を早期に復旧するための早期復旧計画を策定する上で参考となる「空港における地震・津波に対応する避難計画・早期復旧計画のひな型」をとりまとめ，各種対策を行ってきた。

しかしながら，2018 年 9 月に発生した台風 21 号や北海道胆振東部地震では，これまで経験したことのない事象が発生し，関西国際空港や新千歳空港の機能に支障が生じ，国民経済や国民生活に多大な影響を与えたことを踏まえ，新たな対策を講じる必要が生じた。

このため，このような大規模自然災害が発生した場合においてもわが国の航空ネットワークを維持し続けるための方策の検討を目的として，2018 年 10 月，国土交通省航空局に「全国主要空港における大規模自然災害対策に関する検討委員会」を設置した。

この中で，全国主要空港（航空輸送上重要な空港及び四方を海に囲まれ連絡橋により陸地と接続している空港：計16空港）における既往の災害対策の状況について確認するとともに，空港を取り巻く社会状況の変化や空港に求められる役割等について改めて検証し，全国主要空港の機能確保等のための対策について検討を進めてきた。

検討を踏まえ，2019年４月に「災害多発時代に備えよ!!～空港における「統括的災害マネジメント」への転換～」を策定し，公表している。具体的な対応として，空港全体としての機能保持及び早期復旧に向けた目標時間や関係機関の役割分担等を明確化する先進的な業務継続計画であるA2-BCP：Advanced Airport Business Continuous Planをとりまとめることとしている。そのポイントは，次のとおりである。

- それまでの各空港における事業継続計画（BCP）は，関係機関が個別に策定したものであったが，滑走路等の空港施設のみならず空港アクセス等の機能も含めた当該空港全体のもの。
- 空港全体としての機能保持や早期復旧に向けた関係機関の役割分担等を明確化し，関係機関が一体となって行動することを目指すもの。
- 具体的には，「滞留者対応計画」と「早期復旧計画」からなる基本計画（B-Plan）に加えて，「電力供給」，「通信」，「上下水道」，「燃料供給」，「空港アクセス」といった５つの機能別の喪失時対応計画（S-Plan）等により構成し，自然災害別ではなく，空港機能の喪失の程度（結果事象）に着目して計画を策定するもの。

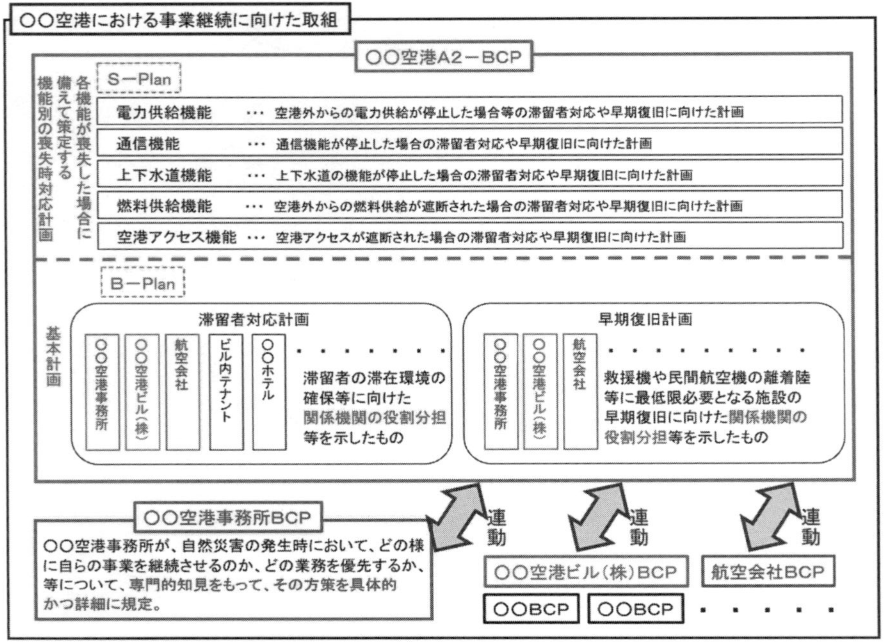

図 4-1　各空港における事業継続に向けた取組

出典：国土交通省航空局「A2-BCP」ガイドライン（令和２年３月）

第５章　空港整備の沿革

5-1　空港整備の始まり

わが国では国際・国内の航空需要の急激な増大に対応するために，首都圏，関西圏をはじめ全国各地で空港整備が進められてきた。その始まりは1956年，空港の設置管理者や空港整備事業を実施するための制度的な枠組みを定めた「空港整備法」の制定である。その後1967年度を初年度とする第１次空港整備５か年計画が策定され，わが国で本格的な空港整備事業が進み始めた。この５か年計画は法律上の位置づけを持ったものではないが，５年間の計画期間内の投資総額が閣議了解され，初年度に空港整備事業の実施の目標，事業別の事業量・事業費等が閣議決定されたので，空港新設や滑走路延長事業等の長期計画が明確となり，わが国の空港整備を大きく推進する原動力となったものである。以降空港整備を進める上での重要な要因となった航空機のジェット化・大型化と航空機騒音への対応について解説する。

１．航空機のジェット化と大型化

初期の五か年計画（1960年代後半）における空港整備事業の課題は，東京，大阪両国際空港における3,000m級滑走路の整備と主要地方空港におけるB727，B737の就航に対応する2,000m級滑走路の整備及び地方空港におけるYS11による国内航空のネットワーク拡充のための1,500m級滑走路の整備を進めることであった。併せて羽田に代わる国際線の拠点空港として新東京国際空港（成田）の建設が喫緊の課題であった。地方空港の中には，ジェット化に際して従来の都市部にあった空港から少々離れた海上・海岸部や丘陵・山岳地に用地を求めて，新空港を整備，移転した例も多く，熊本空港（開港 1971 年），大分空港（同 71 年），鹿児島空港（同 72 年），長崎空港（同 75 年），秋田空港（同 81 年）などがこの例である。

わが国の幹線空港においては，1970 年代には早くもジャンボジェットの時代に入った。1970 年に日本航空が太平洋路線に初めて B747 を就航させ，国内線では 72 年に東京—沖縄線に，74 年には東京—札幌線，東京—福岡線に就航，さらに全日空が同年から同路線に順次ロッキード L1011 を就航させ大型ジェット機時代へと進むことになるが，これらの大型機は従来機に比して座席数も胴体のサイズも倍増したため，空港は滑走路，誘導路，エプロン，ターミナルビルなどすべての施設をより大きく造り直す必要に迫られることになった。

わが国では，1970 年代後半に幹線空港や主要地方空港においては大型機に対応して 2,500m から 3,000m への滑走路の延長とターミナル施設の整備，その他地方空港においてはジェット化のための 2,000m 級滑走路の整備が進められることになった。その結果，ジェット機が就航可能な空港は，1970 年の時点では全国 57 空港のうち 7 空港に過ぎなかったが，1985 年には 78 空港のうち 39 空港に，2006 年には 97 空港のうち 65 空港となり，ジェット機受け入れのための整備は大きく進展した。

わが国の航空ネットワークは 2 眼レフ構造と呼ばれ，東京・

大阪に全国各地を結ぶ路線が集中しているが，1970年代では羽田空港から伊丹空港を除く全国各地への路線需要が約40%，同様に伊丹空港からの需要が約30%を占め，この両空港がネットワークの核として機能していたことが伺える。これはもちろん国の経済活動が第一に東京,第二に大阪に集中した結果ではあるが,航空ネットワークの観点で見れば，首都圏，関西圏の空港に十分な離着陸処理能力がなければ地方空港において就航便数が増加できないということでもあった。

そのような状況の中東京国際空港（羽田）は，1978年に新東京国際空港（成田）の開港により国際線が移転したため，それまでの異常な混雑状態を脱し，しばらくの間はその処理能力に若干の余裕を持っていたが，国内線需要の増大によってすぐに満杯状態となっていた。さらに大阪国際空港（伊丹）はジェット機による航空機騒音問題がますます深刻化し，その発着回数や運航時間帯を厳しく制限しなければならない事態に陥っていた。このような状況から1980年代後半からは再び羽田・成田，伊丹・関西の大都市圏の空港整備が最大の課題となってきた。このため羽田空港については,東京都が造成中の廃棄物処理場の埋立地を利用し,滑走路を沖合側（東京湾側）に移設して空港を拡張する羽田沖合展開事業が計画決定され，1984年に着工した。また伊丹空港に代わる国際・国内の拠点空港として関西国際空港の建設が決定され，同じく1984年に関西国際空港㈱が設立されて新空港の建設が始動した。一方，地方空港の整備は若干ペースダウンしながらも，ジェット化・大型化のための滑走路の延長や新空港への移転整備（1989年新高松空港完成，93年新広島空港完成）などが鋭意進められた。また従来空港がなかった地域における新空港の建設も進められ，山形県庄内空港（開港 1991 年），福島空港（開

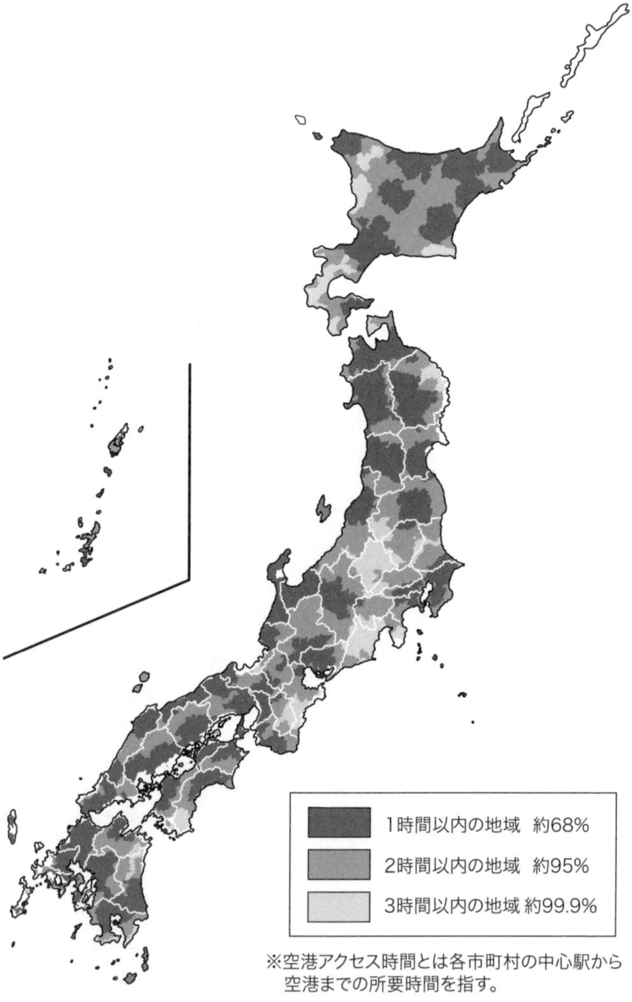

図 5-1　最寄り空港までのアクセス所要時間の現況

港 93 年), 島根県石見空港（開港 93 年), 秋田県大館能代空港（開港 98 年)，佐賀空港（開港 98 年）などがこの時期に供用を開始した。

以上のように 1960 年代に開始されたわが国の空港整備は，その後の航空需要の急激な増加と航空機の技術革新（ジェット化，大型化）に追い立てられるように大都市圏や全国の地方都市において急ピッチで進められてきた。この結果，2000 年までの約 40 年間で航空・空港ネットワークの大きな枠組みが形成された。わが国の空港サービス圏域の現況は，図 5–1 に見るように，全人口の約 70% が 1 時間以内で最寄りの空港にアクセスでき，2 時間以内では 95% をカバーするに至っている。空港の大小や路線・便数の利便性には差があるものの，空港の配置という面ではわが国の空港整備は一段落したものである。

2. 航空機騒音への対応

もう一つの大きな問題は，空港周辺地域における航空機騒音の問題である。ジェット旅客機の就航と運航便数の増大は航空輸送の利便性を飛躍的に向上させたが，一方では空港周辺の居住者に大きな騒音被害をもたらすことになった。特に周辺が稠密な都市地域になりつつあった大阪国際空港（伊丹）と福岡空港においては，極めて深刻な騒音公害問題を惹起した。

1967 年に,「公共用飛行場周辺における航空機騒音による障害の防止等に関する法律」(略称「航空機騒音防止法」）が制定され，空港周辺の家屋の移転補償や学校，病院等の防音工事の助成などが開始された。その後 1973 年には公害対策基本法に基づき

「航空機騒音に係る環境基準」が制定され，翌1974年には航空機騒音防止法の改正が行われて，従来の騒音対策事業に加えて新たに一般住宅の防音工事を開始するとともに，空港直近地域における再開発や緩衝緑地の造成を行うことになった。このように空港が機能するためには空港本体だけでなくその周辺地域への対応も一体的に行われるようになるとともに，航空機騒音の影響を回避するため，山間部や海上等住宅密集地を避け新空港の計画が進められるようになった。

なお航空機騒音への対応は，空港整備のみで進めたわけではなく，発生源対策（航空機から発生する航空機騒音を低減させる対応），運航方式（急上昇方式，ディレイドフラップ方式といった出発時の工夫や衛星を利用した着陸ルートの設定），さらには空港周辺の土地利用の工夫とさまざまな対応を組み合わせて行われるものであり，各空港の立地条件や航空機の運航状況等により適宜検討されるべきものである。

5-2　整備から運営へ

1. 空港整備の制度

鉄道輸送，自動車輸送，航空輸送等で構成される交通体系は，社会経済活動の基礎であり，わが国の経済発展に欠かすことができないものである。鉄道輸送，自動車輸送，航空輸送を利用するに当たっては，鉄道輸送であれば軌道に駅舎，自動車輸送であれば道路，航空輸送であれば主なものとして航空機の離着陸等に使用する滑走路，旅客が利用する旅客ターミナルビルといったインフラが必要である。

第２次世界大戦からの復旧・復興を進める中で交通インフラを整備するのは急務であったが，一方で使用できる資金も限られていた。たとえば新幹線や高速道路は，東京オリンピック開催へ向け世界銀行の融資を受け公共事業として整備が始まった。空港も拠点空港を中心に整備が必要であったが，潤沢な資金が確保できない中，滑走路といった施設は国を始めとする公共が，収益性が高いと考えられていた旅客ターミナルビル等は民間において整備するという手法を採用したところである。この手法に従い羽田空港においては，滑走路は国で整備し，旅客ターミナルビルは民間（民間資本 100%）で整備された。ただし羽田空港以外は，滑走路は国又は地方公共団体という公共が整備し，旅客ターミナルビルは地方公共団体と民間が出資する第３セクター方式で整備を進めたところである。

2. 空港整備法と空港法

民間航空が本格的に再開した 1952 年，飛行場の設置や施設の規格を含む民間航空全般を規定する法律として「航空法」が制定された。一方，当時緊急の政策課題となっていたわが国の空港整備を促進するために，航空法とは別に新しい法律として「空港整備法」が 1956 年に制定された。これは民間航空輸送のために用いられる公共用飛行場のみを対象に，空港の設置・管理，費用の分担等に関する事項を定めたものである。

空港整備法では，国際航空路線に必要な飛行場を「第１種空港」，主要な国内航空路線に必要な飛行場を「第２種空港」，地方的な航空輸送を確保するために必要な飛行場を「第３種空港」という種類に区分し，それぞれの設置管理者，すなわち空港整備の事業主体となって空港の建設を行い，引き続き空港の管理・運営する者を定めている。

第１種空港は，羽田，伊丹，成田，関西，中部の５空港であり，このうち，羽田と伊丹の２空港は国土交通大臣が設置管理し，成田，関空，中部は，個別法により各空港会社が設立され，各々の空港を設置管理することになった。第２種空港は国土交通大臣が設置管理する空港であるが，空港整備法（当時）の規定には，「空港の管理上適切であると認める時には申請により地方公共団体に管理することができる」旨の規定があり，これにより旭川，帯広，秋田，山形，山口宇部の５空港は所在地の県または市が管理している。これを区別して便宜的に，国土交通大臣の直轄管理空港を第２種空港（A)，地方管理空港を第２種空港（B）と呼んでいた。また第３種空港の設置管理者は地方公共団体であり，神戸空港の神戸市以外はすべて所在する都道府県の設置管理である。

また空港整備法（当時）には空港整備事業の費用の負担割合が定められており，第１種空港の羽田と伊丹空港は全額国負担，第２種空港（A）は国が３分の２で地方が３分の１，(B）は国が55% で地方が45%，第３種空港を国と地方が２分の１ずつの負担とされていた。国家的見地から重要である国際線や主要な国内線は事業主体や費用負担においても国が主役となり，一方地方にとって必要な空港は地方自治体が主体となって国が必要な補助を行うという考え方は，わが国における空港整備を急速に進める上では合理的であり，実際この明確な枠組みのもとで，全国各地の空港整備が進捗してきた。

新空港の建設や滑走路の延長等の整備がほぼ一段落したことにより，以降の空港政策の重要課題は，「空港の整備」から「空港の運営」に移ることになる。このため，空港整備法の制定後 54 年を経て，2008 年 6 月に「空港法」として改正された。以下，空港法と従来の空港整備法における制度の相違を紹介する。

空港法では，まず法律制定の目的を「空港の設置及び管理を効果的かつ効率的に行うための措置を定めることにより，環境の保全に配慮しつつ，空港の利用者の便益の増進を図り，もって航空の総合的な発展に資するとともに，わが国の産業，観光等の国際競争力の強化及び地域経済の活性化その他の地域の活力の向上に寄与することを目的とする。」（第 1 条）と謳っている。空港整備法で単に「空港の整備を図るため」と謳っているのに比して，空港の運営と社会における役割などに軸足に置いた条文である。

この趣旨・目的に則して国土交通大臣は，今後のわが国の空港全体及び主要空港の中長期的な整備及び運営のあり方を「空港の設置及び管理に関する基本方針」（第 3 条）として定めることとされた。この基本方針には，空港の設置・管理，整備，運営に関する基本的事項のほか，空港周辺の環境問題や地域との連携，空港相互間の連携等の事項が幅広く盛り込まれ，基本理念として定められることになる。

参考資料）空港の設置及び管理に関する基本方針（Web Site を紹介）

また，従来の第 1 種から第 3 種という空港の種別が変更された。空港法では「国際航空輸送網または国内航空輸送網の拠点となる空港」と「国際航空輸送網または国内航空輸送網を形成する上で重要な役割を果たす空港」に分けて，前者は，原則として国（国土交通大臣），後者は地方公共団体が設置管理すると定めている。ただし，「拠点となる空港」のうち特に成田，関西，中部の各国際空港はそれぞれに指定された空港会社が設置管理すると仕分けている。具体的な空港は政令により指定されるが，原則的には空港整備法による第1種と第2種空港が「拠点となる空港」，第3

表 5-1　空港整備法と新空港法による空港の分類と空港の設置管理者（08 年 6 月）

空港法による分類	空港の設置管理	空港例	空港整備法による分類	空港整備費用の負担割合
国際航空輸送網又は国内航空輸送網の拠点となる空港	空港会社が設置管理する空港	成田, 関空, 中部	第1種空港	空港会社
	国が設置管理する空港（国管理空港）	羽田		国 100%
		伊丹		国 2/3 地方 1/3
		福岡, 那覇等	第2種空港(A)	
	国が設置し管理を地方に委託する空港（特定地方管理空港）	秋田, 旭川等	第2種空港(B)	国 55% 地方 45%
国際航空輸送網又は国内航空輸送網を形成するうえで重要な役割を果たす空港	地方が設置管理する空港（地方管理空港）	青森, 岡山等	第3種空港	国 1/2 地方 1/2
その他の空港	地方が設置管理	調布，広島西等	その他飛行場	
自衛隊等の飛行場を共用する空港	共用空港（民間航空のエリアは国土交通大臣が管理）	小松, 徳島等	防衛省等との共用飛行場	国 2/3 地方 1/3

注）空港整備費用の負担割合について

① 本表に掲げる負担割合については，空港用地や滑走路，誘導路，エプロン等の基本的な施設を整備する場合の負担および補助の割合で，駐車場や排水施設などの付帯的な施設については別途定められている。

② 北海道，離島，奄美，沖縄の空港および災害復旧については，別途補助率のかさ上げ措置が講じられる。

③ 羽田空港については，平成 16 年制定の特別措置法により，滑走路，着陸帯，誘導路および照明施設の新設等とこれに付帯する事業（4 本目の滑走路新設等のいわゆる羽田再拡張事業）に対して，地方公共団体が無利子で貸し付ける制度が創設されたが，空港法にも同様の制度が盛り込まれた。（同特別措置法は廃止）

④ 伊丹空港については平成 24 年度末までの経過措置があり，空港の耐震工事その他の機能向上のための工事については，従来のとおり国の 100%負担とされている。

種空港が「地方管理空港」に移行した。なお前述した第2種空港（B）については，「特定地方管理空港」として，当分の間，引き続き国土交通大臣が設置し，管理を地方公共団体に委託する方式が踏襲されている。表5-1は，これらの空港種別の変更や費用負担の割合などを一覧表にまとめたものである。

このほか，空港法では従来にはなかったいくつかの考え方が導入されている。ひとつは，空港管理者が空港利用者の利便性の向上を図るために「協議会」を設けるという規定である。この協議会は，航空会社や空港内の事業者，関係行政機関，学識経験者，地元の地方公共団体や観光・商工関係者で構成されるもので，幅広い意見を集約しつつ利用者本位の空港の運営を行おうとするものである。

もうひとつの特徴は，空港ターミナルなどの新しい運営制度である。空港の機能を確保するために必要不可欠な旅客・貨物の取扱施設，航空機燃料給油施設を「空港機能施設」，これらの施設の建設・管理を行う事業を「空港機能施設事業」と規定し，空港管理者は，十分な経理的基礎と技術的能力を持って，適正，確実に事業を計画し，実施できる者を「指定空港機能施設事業者」として指定できることとした。利用者本位の観点では，たとえば旅客ターミナルビル利用者から徴収する旅客取扱施設利用料は，「能率的な経営の下における適正な原価に適正な利潤を加えたものを超えない」ことや，「特定の利用者に対し不当な差別的扱い」をしないことなどが求められている。

3. 空港整備特別会計，社会資本整備特別会計，自動車安全特別会計（空港整備勘定）

わが国の空港整備において空港整備法が果たした役割は大変大きいが，このような枠組みで空港整備を推進していくためには，国の財源確保が大きな課題であった。特に1960年代後半には，航空需要の急激な増加に対応するために全国各地で大規模な空港整備事業推進する必要が生じてきたこともあり，空港整備事業等の財源を確実に確保し，これらの費用等を一般会計と区別して経理する目的で1970年に「空港整備特別会計法」が制定された。同法は，空港整備等に要する費用の財源について空港着陸料等利用者負担の考え方をとっている。2006年には，国の行政改革の一環として特別会計の改革が行われた。簡素で効率的な政府を実現するための行政改革の推進に関する法律が制定され，この結果国土交通省関係では，道路整備，治水，港湾整備，空港整備，都市開発資金融通の5つの公共事業関係の特別会計が2008年度までに「社会資本整備特別会計」に統合された。空港整備特別勘定は社会資本整備特別勘定の中の空港整備勘定として区分管理されたが，その主な歳入は以下のとおりである。

① 空港利用料：航空機がその重量に応じて着陸の1回ごとに支払う着陸料や停留料。

② 航行援助施設利用料：航空路の飛行や空港の離着陸などの航空機の運航に対し，管制などの航空保安業務のサービスの対価。

③ その他：空港土地使用料等の雑収入のほか，航空機燃料税相当額を含む国の一般会計からの繰り入れ，財政投融資等。

国の行政改革の一環として進められた特別会計改革の結果「社会資本整備特別会計」に統合された「空港整備特別勘定」はその後，2013 年に，「特別会計に関する法律の一部を改正する等の法律」（平成 25 年法律第 76 号）により，2013 年度をもって廃止されることになる。

空港整備勘定は，羽田空港整備に当たり借り入れた財政投融資資金の債務が残る中，一般会計と区分するための経過勘定として自動車安全特別会計に統合された。その歳入は，一般会計（航空機燃料税収入の９分の７相当額）からの繰入金等もそのまま継続されており，引き続き，空港整備を推進する制度として機能している。

5-3　管理運営主体

空港法（従来は空港整備法）に基づき，空港本体の事業主体は国（国土交通大臣），地方公共団体及び空港会社に分かれているが，ターミナル諸施設の事業主体を含めてさらに施設別に細かい役割分担がなされている。

分担の考え方で大きな原則のひとつは，管制などの航空保安業務及び航空保安施設の整備（航空灯火を除く）は，国（国土交通省航空局）の専管事項としているところであり，地方や空港会社管理の空港であってもこれらは国が行うこととしている。ただし，防衛省の管理する共用空港の管制業務は防衛省が行うものであるが，例外的に新千歳空港については，防衛省の千歳飛行場に隣接して新空港を整備した経緯から，防衛省が一元的に管制している。

２つ目の原則は，国，地方の管理空港とも空港ターミナルビル等の建設・運営は，原則的に民間企業または地方公共団体が出資する第３セクターに委ねることとしている。この仕組みは世界的には例が少なく，わが国の歴史的な経緯によるものである。わが国の民間航空が再開した 1951 年当時は，戦後復興の途上で国の財政が極めて逼迫していたので，法制度上は国が旅客ターミナルビルを整備することは可能であったが，本格的な国際空港となる羽田空港の整備に当たっては旅客ターミナルビルの建設にまでは手が回らなかった。このため，これを民間資本に委ねることとして，1953 年に事業主体として日本空港ビルデング㈱が設立され，1955 年に近代的なビルが完成した。この成功事例をもとに，その後の国が管理する空港ではすべてこの空港ビル会社方式が取られ，さらに，地方管理の第３種空港においてもこの方式が踏襲されている。同様の考え方で，貨物施設，給油施設も基本的に民間企業にその建設・運営が委ねられている。

一方，新東京国際空港（成田）の建設が決定されたことを受け 1966 年に，新東京国際空港公団（当時）が設立されたが，同公団の経営計画では，空港自体の管理はもとより空港ビル，貨物，給油などすべての事業を自ら行うこととされた。これは着陸料等の空港使用料収入のみならず，すべての事業から収益を上げて空港を経営することを目指したもので，その後の関西国際空港，中部国際空港でもこの一体管理・経営方式がとられている。

5-4　空港コンセッション

空港整備法及び空港整備特別会計法の法体系の下，空港整備５か年計画（閣議了解）を活用した計画的な空港整備は，離島を除き配置面での目標は達成し，国内航空輸送網の基礎として活用されている。しかしながら特に新たに整備された空港の中には，当初想定した需要に達せず，効率的に使用されていない事例も見られるようになる中，「空港整備法」を「空港法」へと改正し，整備から運営へと政策の重点をシフトさせてきた。また，会社管理空港を除き航空系事業といわれる滑走路，誘導路，エプロンなどの空港基本施設の整備・維持管理は公共主体（国又は地方公共団体）が行う一方で，非航空系事業といわれる旅客ターミナルビル等の整備・運営は民間が行うわが国の運営主体の分離は，諸外国で一般的に行われている一体運営に比べ諸々非効率を招いているとの指摘もあった。具体的には，諸外国では非航空系収入を活用し着陸料の引き下げを行い，より多くの路線・便数を誘致するということが行われていた。

このような状況の中，国においては「空港運営の在り方に関する検討会」が設置され，「民間の知恵と資金の導入」という観点で，PFI法の改正により導入されたコンセッションの活用を行うこととしたものである。

1. 空港コンセッションの概要

航空局は，コンセッションを活用する意義として「民活空港運営法に基づき民間による創意工夫を生かした一体経営を実現し，着陸料等の柔軟な設定等を通じた航空ネットワークの充実，内外の交流人口拡大等による地域活性を図る」と説明している。またその具体的なスキームは，国が土地等の所有権を留保しつつ，民間に運営権を設定し，航空系事業と非航空系事業を一体経営するというもので，運営権者は，国から公共施設等運営権の設定を受けることにより滑走路等の運営を実施，三セク等の株式を取得することによりターミナルビル等の運営を実施することになるが，着陸料その他の収入を設定・収受し，これらの収入により事業実施に要する費用を負担するというものである。

国が管理する空港においてコンセッションを導入する場合の一般的な業務分担は別表のとおりである。

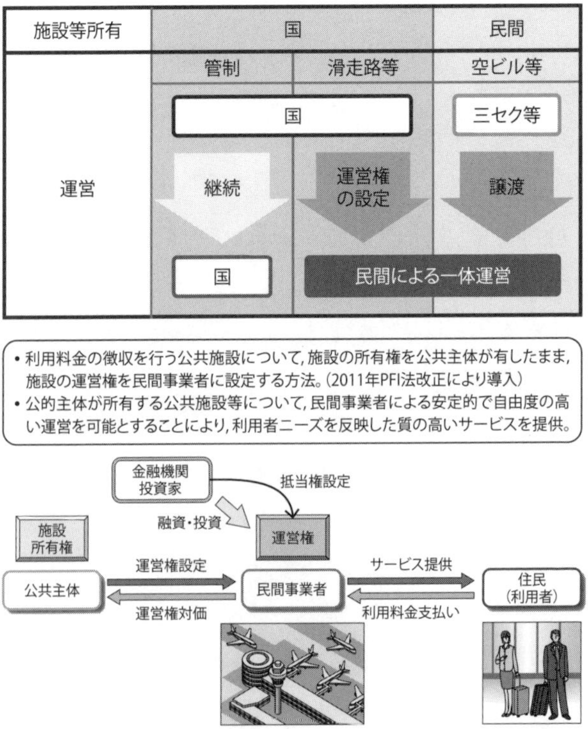

図 5-2　空港のコンセッション方式

2. 空港コンセッションの展開状況

①　空港コンセッションの手続き

空港のコンセッションによる運営は，民間資金等の活用による公共施設等の整備等の促進に関する法律（平成 11 年法律第 117 号。以下「PFI 法」という。）及び民間の能力を活用した国管理空港等の運営等に関する法律（平成 25 年法律第 67 号。以下,「民活空港運営法」という。）の規定に基づき進められている。具体的には，①基本方針の策定・公表，②滑走路，旅客ターミナルビル等の資産調査（デューデリジェンス），③民間投資意向調査（マーケットサウンディング），④ PFI 法に基づく実施方針の策定・公表，⑤運営権者の選定プロセスを経て，運営が開始されるものである。

このうち特に重要なのが実施方針の策定・公表である。実施方針は運営権者選定に当たっての各種要件を規定するもので，コンセッションの対象施設，事業期間，事業方式といった事業概要，応募者の参加資格要件，公募手続き，優先交渉権の選定方法，選定後の手続きといった内容で構成されている。実施方針の策定に先立ち滑走路，旅客ターミナルビル等の資産調査（デューデリジェンス），民間投資意向調査（マーケットサウンディング）が実施され，さらには地元関係自治体との調整行い，幅広く意見を受け付け必要に応じ修正するもので，当該事業実施の考え方を国として取りまとめたものである。

次の段階は運営権者の選定となる。国は基本方針を基本に募集要項を取りまとめ公表することになる。併せて優先権者の選定基準等も公表され，応札されることになる。運営権者の選定は通常，運営権対価の額という金額で評価できるものと，事業実施方針のように直接金額では評価できないものの総合評価になる。運営権対価の差は明確であるが，実施方針のようなものはなかなか比較しづらいものもある。このため通常は運営権者選定員会を設置し，さまざまな視点で客観的に評価することとなる。

具体的には，応募者が当該事業を実施するに当たり，事業期間全体を通じてどのような方針で空港運営を行おうとしているのかといった全体事業方針のようなものや，新たな追加投資も含む空港活性化方針や，航空ネットワークの充実に関する基本的な考え方，地域との関係の在り方，収支計画，事業継続方針といったことを評価することになる。

②　コンセッションの展開状況

現在までに，仙台空港，高松空港，福岡空港，北海道内７空港，

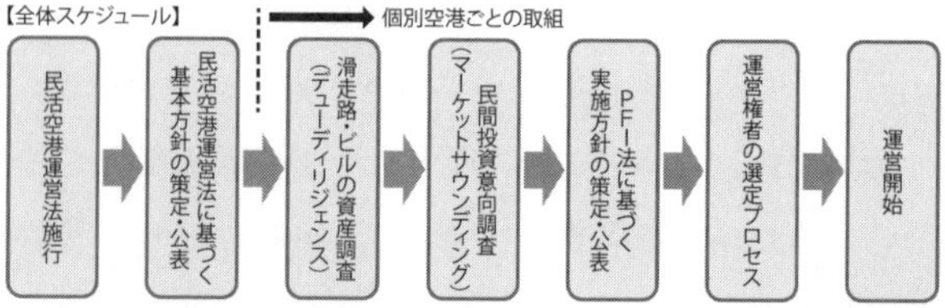

仙台空港	2013	2013.11～	2014.4	2014.6～	2016.7～
高松空港	～2014	2015.10～	2016.7	2016.9～	2018.4～
福岡空港	～2015	2016.7～	2017.3	2017.5～	2019.4～
北海道内7空港	～2017	2017.7～	2018.3	2018.4～	2020.1～　空港一体のビル経営開始 2020.6～　新千歳空港 2020.10～ 旭川空港 2021.3～　稚内・釧路・函館・帯広・女満別空港
熊本空港	～2017	2016.6～	2018.1	2018.3～	2020.4～
広島空港	～2017	2016.10～	2019.3	2019.6～	2021.7～

※関西・伊丹空港（2016.4），但馬空港（2015.1），神戸空港（2018.4），鳥取空港（2018.7），静岡空港（2019.4），南紀白浜空港（2019.4）では，運営の民間委託を開始

図 5-3　空港運営の民間委託に関する検討状況

熊本空港及び広島空港においてコンセッションが導入されている。また現在，新潟空港，小松飛行場及び大分空港において調査が進められている。

空港の豆知識　熊本空港のコンセッション

熊本空港のコンセッションは，他の空港とは違い新しい旅客ターミナルビルの建設も事業に含まれている。他の空港でも駐車場やコンコースの新設といった施設整備は含まれているが，旅客ターミナルビルそのものの整備までは含まれてはいない。新旅客ターミナルビルの整備は熊本地震で被災した旅客ターミナルビルの建替えであるが，それまで別棟であった国際線と国内線を一体のビルで扱うとともに，サービス施設の提供等新たな提案を含むものであり，2023 年 3 月 23 日に供用を開始した。

写真 5-1　熊本空港新ターミナルビル

提供：熊本国際空港(株)

③　空港コンセッションの今後の展開

これまで 12 の空港で空港コンセッションを活用した管理・運営が進められているが，新型コロナ禍の影響で各空港とも航空需要が激減し，収入も激減することになった。その結果，導入に当たり想定していたコンセッションフィーの納付が厳しくなり，現在その一部が繰り延べされている。

また現在国においては，これまでの経験にも留意しつつ，課題への対応も含めフォローアップ会議が開催されている。提案・審査内容の見直しや瑕疵担保要件の見直し，さらには不可抗力発生時のリスク分担等さまざまな検討が進められている。今後検討が進み，新たな空港コンセッションの展開も含め航空輸送事業者や空港利用者の利便性が向上するとともに，空港・地域の活性化がすすむことを期待するものである。

第６章　空港計画と建設

過去に整備された空港の中には当初想定した需要に達せず，効率的に使用されていない事例もあるのではとの指摘もある中，空港における施策の中心が整備から運営へと大きくシフトしてきたが，だからといって空港整備が一切不要ということではない。需要の増加に対応するエプロンや駐車場の増設，安全対策としての滑走路端安全区域の整備等必要な空港整備事業は，各空港の実情に応じて存在している。

過去に空港整備の課題として指摘されたのは，「甘い需要予測に基づき，不要な空港を新設してしまったのではないか。」ということである。また，「実施に当たり行政が独走し，関係者の意向等をきちんと確認しなかったのではないか。」という点も問われていた。これらの課題は空港単独のものではなく，他の公共事業も同様な指摘がなされていたところである。

このため国土交通省は，「国土交通省における公共事業改革への取組み」(2001 年６月公表）の中で，地方空港の新設については，地方空港の配置は概成しつつある状況を踏まえ，今後離島を除き抑制するという方針を出したところである。加えて，一般空港の滑走路新設・延長事業の新規採択については，代替手段の検討を含む必要性の十分な検証，候補地選定，施設，空域等の空港計画の十分な吟味，概算事業費の精査や費用対効果分析の徹底等を行って，真に必要かつ有用なものに限って事業化することとした。また，事業実施の透明性向上の観点から，構想・計画段階におけるパブリック・インボルブメント（PI）等の手続きをルール化し事業実施の適正化を進めている。

本章では，空港整備の大まかな流れと，空港整備を進めるに当たり重要なポイントとなる需要予測及び費用対効果分析の考え方，さらにはPIの進め方について概要を解説する。

6-1　空港計画の手順

空港は地域にあって地域とともに発展するものでなければならない。空港を建設，管理し，安全に運用すること自体も大きな仕事であるが，空港は観光，雇用，生産において地域社会と経済に大きな効用を持つ反面，航空機の離着陸は少なからず地域に騒音問題をもたらし，空港をめぐる人と物の動きは地域を大きく変えることにもつながる。それ故に空港計画では，空港を構成する諸施設が十分にその機能を発揮できるよう施設の配置計画を立案することはもとより，地域へのマイナス影響を最小化しつつ地域の発展に寄与するという目標を持って進めることが重要である。

空港計画では，特に新空港を建設する場合には，航空利用者や地域のさまざまな要望を受けつつ構想を練るという準備期間を含めて相当の長期間を要するのが常である。空港の計画から完成までには概ね「構想段階」「計画段階」「建設段階」の3段階があり，その手順は以下のようなものである。ここでは，1993年に完成，供用開始した新広島空港の例をもとに，各段階の具体的な作業イメージを紹介する。

1. 構想段階

構想段階は，航空需要の増加傾向や地域振興の動向などを分析しながら航空ネットワーク上の位置づけや長期的な空港整備の方向を調査検討する段階である。調査の端緒と推進役は，地元の行政や経済界の熱意に負うところが多い。ここでの課題は，空港の規模（滑走路の長さ，空港の拡張か新設かなど）に関する条件設定と，新空港の場合には空港の概略位置の選定が含まれる。広島空港の場合，新空港の構想段階では次のような動きがあった。

旧広島空港（後に広島西飛行場となり 2012 年 11 月に廃止）は国が設置管理する第 2 種空港で，広島市の中心から約 8km の大田川放水路沿いの埋立地にあり，便利な立地条件にも恵まれ航空需要は年々増加していた。1981 年実績で東京便(B737 を使用)の搭乗率は 95% に達しており，ほとんど全便が満席状態で予約を取ること自体が極めて困難な状況であった。通常であれば機材の大型化や便数の増加という対応をとるところだが，滑走路は 1,800m と短いために，重量制限を伴いつつかろうじて中型ジェ

写真 6-1　旧広島空港

ット機のB767を就航させるのが限界であった。またエプロンも2スポットしかなく，かつ拡張する用地もないことから，これ以上の大型化や便数の増加は不可能で，取扱容量を拡大するのが困難な状況であった。

この状況に対応するため，1980年～1981年に運輸省（当時）と広島県，広島市は三者共同で「広島空港基本計画調査」を実施し，「現空港の現有施設の処理能力には限界があり，長期的な航空需要に対応するためには，現空港の大幅な拡張整備か，新空港の建設かのいずれかの空港計画案を立案しなければならない。」という認識に至った。

新空港適地の選定は，航空路あるいは既存の防衛省の飛行場の管制圏などを勘案しつつ安全な離着陸経路が設定できること，障害物のない制限表面が確保できることなどの空港空域条件をはじめ，周辺に稠密な市街地がなく最小限の民家等の移転で少なくとも200haに及ぶ広大な用地が確保できること，今後の道路等の整備の可能性も含めて広島市内から1時間程度で新空港にアクセスできること，自然環境への悪影響を回避できること，気象条件が許容範囲内にあることなど数々の厳しい制約条件のもとで候補地を求めることになった。わが国の国土条件，都市域の広がりから見ても近郊平野部での用地確保は極めて困難で，いきおい都心から50km程度の範囲内で，海上の埋立てか，山岳地の大規模な用事造成かの選択とならざるを得ないものである。

新広島空港の場合，調査対象地点として県内の29か所を選定したが，最終的に絞り込まれた候補地は，海上空港となる①大奈佐美案と②江田島案，内陸空港となる③洞山案と④本郷（用倉）

案の 4 案であった。現空港の拡張案（埋立による滑走路の 2,500m への延長とエプロン・ターミナルエリアの拡張）も物理的には可能であると判断され，候補案の 1 つされたが，着陸帯幅が 150m しか取れず完全条件での計器着陸が不可能で就航率が低下すること，都心から至近で便利さの魅力は大きいものの北側の住居地域に対する騒音問題が解消できないことなどから，結局これを断念し，将来国際線の就航にも対応できる本格的な新空港建設する方向に絞られた。4 案について，さらに建設コスト，周辺地域への影響，アクセスの利便性などを総合評価して，本郷（用倉）案が選定された。この評価・決定では，地元地域社会への影響が極めて大きく，また将来の地域の発展計画にも密接に関連することから，地元市町村の受け入れの意向や県などの地域の行政方針が重要な要素となる。

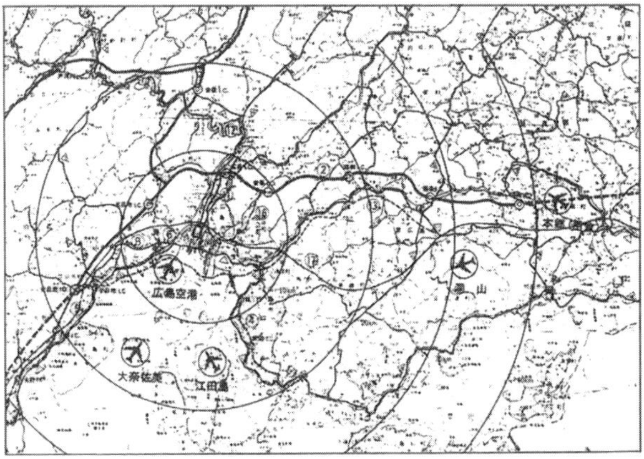

図 6-2　案の位置図

2. 計画段階

概略の空港の規模と位置の決定を受けて，空港計画案の策定作業に入ることになる。この段階では空港の設置管理者，空港整備の事業主体を定めた上で需要予測に基づき就航路線，就航機材・便数を予測，予測に基づく施設規模の算定，施設基準を満足しつつ機能的・効率的な施設配置計画を策定することになる。また同時に，必要となる空港の設置手続きを含め地元関係団体や住民との間で，計画内容についてコンセンサスを形成するという重要な段階でもある。

広島空港の場合は，旧空港と同じく国が設置管理する第2種空港として新空港を整備することとなり，国（当時は運輸省）を中心に調査検討が進められた。同空港の航空需要は旺盛で，大型ジェット機に対応して滑走路は2,500m，着陸帯は長さ2,620m，幅300mで平行誘導路を設置する計画となった。ターミナルビル等ターミナルエリアを滑走路のどちら側に展開するかについては，それぞれの空港の立地条件によって決まるが，空港へのアクセスの容易性，用地の確保と将来の拡張可能性，地形条件による建設コストの増減などが検討項目となる。また空港ターミナルは地域の玄関口として地域開発の動向を左右することにもなるので，地元市町村にとっては大きな関心事でもある。

空港の設置手続きは，航空法で詳細に定められている。広島空港の場合には，1986年6月に空港設置を一般に知らせる予定告示（法38条）が出され，同7月に周辺住民や関係市町村，経済団体等の利害関係者の意見を聞く公聴会を開催，同9月に空港の位置を決定した旨の告示（法40条）が出された。

さらにもう一つの重要な手続きに「環境影響評価（環境アセスメント）」がある。これは大規模な公共事業等において，事業を行う前に事業を実施した場合の周辺環境への影響を科学的・定量的に分析・評価し，可能な限り環境への悪影響を回避するために行うものである。1997 年に「環境影響評価法」が制定され，対象とする事業や評価の手続きが定められた。空港の滑走路の新設，延長事業もこれに該当し，事業者は，①評価項目や手法を含む「環境影響評価方法書」を決定，②「環境影響調査」を実施して「環境影響評価準備書」を取りまとめ，③これを都道府県知事に送付し，広告・縦覧のうえ，関係地域で説明会を開催，④関係者の意見を勘案して必要な修正を加え，最終的な「環境影響評価書」を作成するといった諸手続きを行うことになる。

広島空港の場合は同法成立以前であるため，1984 年に閣議了解された「環境影響評価実施要領」やこれに基づく「運輸省所管の大規模事業に係る環境影響評価実施要領」などに則り，ほぼ同様の環境アセスメントが実施された。山岳丘陵地であるとはいえ近傍に集落や農地もあるので，環境調査の項目は，航空機の運航に伴う騒音の影響や大気汚染，テレビの受信障害といった空港の運用に伴う影響をはじめ，空港の設置や建設工事に伴う水質汚濁，生態系・植生など自然環境への影響，工事中の騒音や大型車両の運行の影響など広範囲にわたるものであった。

また，計画段階では関連施設の整備計画も重要である。これについては，国が設置管理する空港であっても地元の都道府県が責任を持って実行することが多い。広島空港の場合は，広島県が中心となって空港周辺整備計画の策定を進め，空港アクセス道路の整備，空港ターミナルビルの事業主体の設立（地方公共団体が40%，航空会社が26%，一般経済界が34%の株式を所有する第3セクター）を進めたほか，空港に隣接して自然地形を利用した公園やホテルなどで構成される「庭園空港都市」の実現が図られた。また空港を機能させるための上下水道，電力，通信といったユーティリティについても広島県が中心となり関係者の取りまとめ調整を行ったものである。

さて最近の空港計画では，新たに設定された空港整備のプロセスに基づき，透明性確保の観点から構想・計画段階で広く一般の意見を求めるパブリックインプルメントの手法が導入されている。図6-3は，滑走路の新設や延長事後を進める場合の流れであるが，構想及び施設計画段階にPIを実施し，広く一般からの意見を受け付けることになる。2019年に供用を開始した那覇空

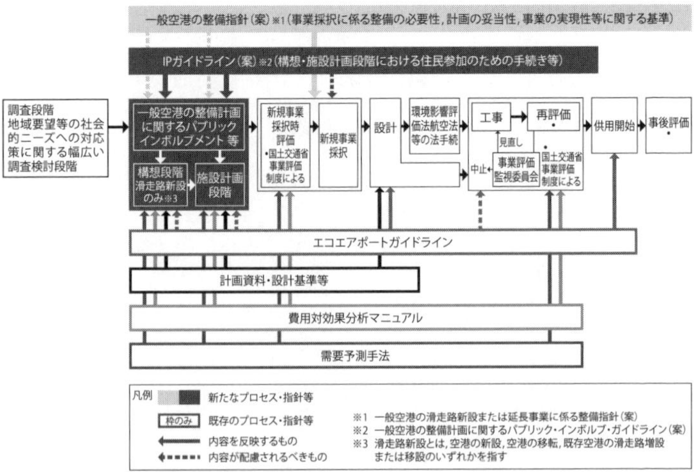

図6-3　新たな空港整備の流れ（参考図）

港の第 2 滑走路や現在工事が進められている福岡空港第 2 滑走路はこの PI 手続きを進めてきたものであるが，最終的に空港計画を決めるに当たり大きな影響を与えたところである。

また同様に，滑走路新設・延長事業の新規採択に当たっては，代替手段の検討を含む必要性の十分な検証，候補地選定，施設，空域等の空港計画の十分な吟味，概算事業費の精査や費用対効果分析の徹底等を行って，真に必要かつ有用なものに限って事業化するとしている

注）福岡空港と那覇空港の滑走路増設については，第 7 章で解説する。

3. 建設段階

建設段階は，計画段階で決定された空港整備基本計画（マスタープラン）に従って，用地造成，滑走路などの土木施設，庁舎管制塔などの建築施設，航空保安施設などの施設の設計や建設，あるいは機器の製造・設置などを行い，空港の完成・供用開始に導く段階である。前半は調査・設計，後半がいよいよ現場での工事となる。

調査・設計では，厳しい空港の施設基準を満たせるよう施設ごとに詳細な設計図書を作成するとともに，完成に至るまでの建設工事工程の作成，建設工法の検討，建設事業費の算定などを行う。空港建設では，常に「早期完成」と「コスト縮減」を要請されるので，この段階が空港技術者の知恵の出し所でもあり，同時にプロジェクトの評価に大きく影響する段階でもある。

広島空港の場合，標高 330m で原地型の高低差が 100m を超える山岳地であり，一部に硬い岩盤が分布していたことから，建

設コストを最小化するために，岩盤の掘削量を減らし，切土量と盛土量をバランスさせて土砂の空港外への搬出入を行わない工夫など詳細な検討が行われた。また工事中の環境配慮も欠かせないところで，工事用車両の交通量や資機材の搬出入の時間帯を調整するとともに，用地造成の途中で近くの河川に汚濁水が流れ込まないよう調節池などを設ける必要もあった。

また併せて重要なことは，建設工事全体のプロジェクトマネジメントである。空港建設工事では，用地造成工事を先行させ，その後滑走路等の舗装工事，管制塔などの建築工事，航空灯火や無線施設などの設置工事，ターミナルビルの建設工事，道路・駐車場や造園の工事などを順次並行して進めていくこととなる。多くの場合早期完成を望む声に押され，敷地ができあがればその翌日から各工事に着手するような工程を組み，開港期日にすべての施設を一斉に運用開始できる状態にもっていくことになる。当然ながら当初想定したとおりに物事が進むことはなく，さまざまなイレギュラーが発生する中で多数の事業者や関係者と調整しながら工程を計画・修正することになるが，進捗状況を管理する作業は

写真 6-2　新広島空港の建設用地

写真 6-3　広島空港の現況

誠に大変で，手間を要するものである。

このような経緯の中，新広島空港は広島県による空港用地の先行取得作業に始まって，1988 年に用地造成工事を開始，1992 年から滑走路などの建設工事に着手し，当初予定より約 2 か月の工期を短縮，5 年間という極めて短期間で 1993 年 10 月供用を開始した。またその後 1996 年から滑走路の延長工事が行われ，2001 年 1 月に 3,000m の滑走路を有し，国際線定期便が就航する現在の姿に至っている。

6-2　航空需要予測

空港計画において最も重要な計画基礎数値は，各空港の航空需要予測値である。わが国では国土交通省航空局が，将来の空港・航空政策の検討のための基礎資料や空港整備計画の立案，事業評価に利用するために，時機に応じて将来の国全体の航空需要を予測し，各地域間の国内線の旅客・貨物流動量や国際線旅客・貨物の取扱量の算定を行っている。将来の航空事業の動向を左右する要因には，GDP，人口，為替といった経済，社会情勢の変化や新幹線開業，高速道路整備といった交通ネットワークの変化，新規路線就航，運賃値下げといった航空ネットワークの変化，さらには観光政策，訪日外国人の動向といったその他の項目も含めさまざまな要因が関係している。しかしながら需要予測を行うに当たっては，すべての要因を網羅することは不可能なので，利用可能で再現性の高いパラメーターを選定，モデルを構築することになる。図 6-4 は，国内線旅客数の推計に使用しているモデルの概要を示しているが，次のような流れで算定している。

①　全国生成交通量の算定

個別の空港ではなく日本全体で国内航空旅客数がどの程度発生するのかを，人口や GDP，アクセシビリティ指標を説明変数と

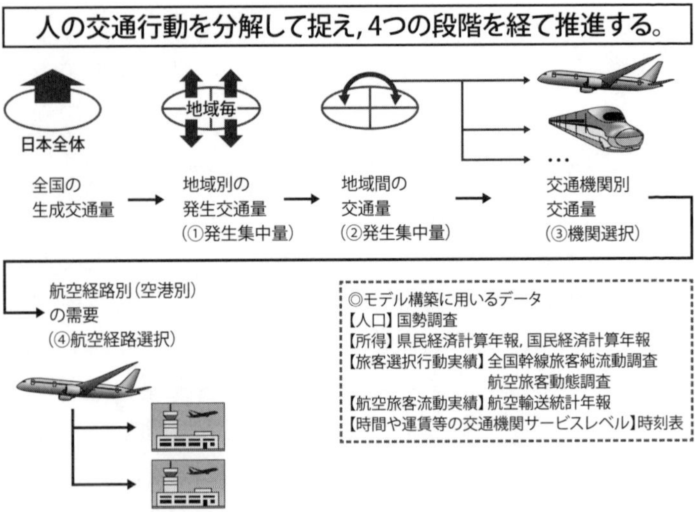

図 6-4　国内航空旅客モデル（四段階推定法）

して推計する段階。この数年日本の総人口は減少しているが，国内線旅客数は増加している。訪日外国人の国内線利用といった従来想定していなかった需要が顕在化している状況もあり，必ずしも人口の増減に比例して変化するものではないといえる。またリーマンショックやSARS，さらには新型コロナ禍といった突発的なイレギュラーは予測することは不可能であり，ダミー関数を設定することで予測モデルの再現性を確保することになる。

注）アクセシビリティ指標：交通利便性を表す指標で運航頻度等を指標化したもの。

② 地域別発生交通量の算定

全国を223のゾーンに分割し，各ゾーンにどの程度の航空旅客が発生するかを，地域人口，GRP，アクセシビリティ指標を説明変数として，業務，観光，私用等の目的別に算定する段階。この段階までが，航空旅客の数，ボリュームを推計する段階である。

③ 地域間分布交通量の推計

各ゾーンの発生量をもとに，現状の旅客流動パターン等を参考に，業務，観光，私用等の目的別に算定する段階。

④ 交通機関別地域間交通量の算定

③で算定された個別の地域間の分布交通量をもとに，交通機関別の所要時間，運賃，頻度といった利便性をあらわす指標に基づく交通機関別の効用（どの程度便利であるかを表す指標）を利用し航空，鉄道，バス等の交通機関別の交通量を算定する段階。

⑤ 空港別利用者数の算定

④で算定された航空を利用する旅客数をもとに，利用する空港ごとにアクセスの利便性等に基づき，利用する空港に割り付ける

段階である。たとえば熊本県人吉市の人が東京へ行く場合は，すべての人が熊本空港を利用するのではなく，鹿児島空港を利用する予測となる。

航空需要予測は，事業実施（整備だけではなくその後の運営も含めて）に当たり，需要変動への感度分析や対応の検討といったことに用いられる中長期の需要変動を想定するものであり，たとえば明日アイスクリームをどの程度入荷するかといった営業に直結する短期的な想定とは違うものである。とはいうものの，需要予測の精度が高い方が良いわけだが，現状の予測モデルでは反映できない現象が起こっておりどのように対応するのか検討が必要である。具体的には，訪日外国人の動向（急上昇していたが，新型コロナ禍により激減），外国人の国内移動，LCC の動向，航空会社の路線・便数計画といったことがあるが，どのようにモデルに組み込むか検討が必要である。また新型コロナ禍のような現象は，過去に起こったことであればダミー変数等で対応することもあるが，事前に予測することは困難であり，今後の需要予測においてどのように扱うかの検討が必要なものである。

6-3　費用対効果分析

道路，河川，港湾，空港といった公共事業については，歳出削減が大きな課題であるとともに，事業自体の必要性や効果が問われる中，効率的な執行と透明性の確保の観点から，費用便益分析等による政策評価を行うこととしている。空港の場合は滑走路の新設・延長事業を対象として，事業の予算化の判断に資するための評価（新規事業採択時評価），事業の継続又は中止の判断に資するための評価（再評価）及び改善措置を実施するかどうかなど今後の対応の判断に資する評価（完了後の事後評価）を行うこととしている。

費用対効果分析は，定量化が可能な費用便益分析と定量化ができないもので構成される。このうち費用便益分析は，簡単にいえば，ある事業の実施に要する費用（用地費，補償費，建設費，維持管理費等）に対して，その事業の実施によって社会的に得られる便益（旅客の移動時間の短縮等）の大きさがどのくらいあるかを見るものであり，費用便益比（Cost Benefit Ratio，B/C）の値で評価する。その値が 1 以上であれば，総便益が総費用より大きいことから，その事業は妥当なものと評価される。ただし，事業の費用や便益の発生は数年から数十年に渡り，ある時点で払う（得られる）1 円の価値は，その 1 年後に払う（得られる）1 円の価値より大きいと考えられることから，金銭評価の時点をたとえば事業の開始年度に揃える必要がある。このため各時点での費用（C）と便益（B）の額を，割引率（r）を用いて割引き，基準時点の価値で評価するもので，建設期間＋ 50 年で評価している。

$$B/C = \{B0 + B1/(1 + r) + B2/(1 + r)\ 2 + \cdots\} / \{C0 + C1/(1 + r) + C2/(1 + r)\ 2 + \cdots\}$$

滑走路の新設・延長事業により発現する効果は，たとえば新空港の建設に伴い東京への移動における時間短縮や費用縮減といった利用者（航空旅客）において発現するもの，着陸料収入といった空港管理者において発現するもの，観光入込客の増加，雇用機会の増大といった地域企業・住民において発現するものがある。このうち移動時間の短縮や費用の縮減といったものは貨幣換算が可能であり，費用対便益分析の便益の根拠となるものである。一方費用は，用地費や工事費といった空港を建設するために要した費用，滑走路やエプロンの改修といった事業期間中の再投資に要する費用や空港を運用するために必要となる費用が計上される。

費用対便益分析は，建設期間＋ 50 年で評価していることから，その前提となる需要予測や収入，また滑走路改修等に要する費用も評価の時点の想定から変動する可能性は否定できない。このため費用対便益分析の実施に当たっては，需要予測，建設費及び建設期間を基本ケースから±10％変動させた B/C も算定することとしている。

6-4　空港建設技術

近年のわが国の空港整備では，新空港の敵地を海岸・海上部や丘陵・山岳部に求めざるを得なかったが，空港を建設する技術者の立場からすれば，これらは必ずしも空港適地とはいえない場所である。このため新空港の建設では，常に自然地形・条件をいかに克服し広大で平坦な空港用地を造成するかという技術的課題に直面してきた。しかしこの結果，わが国の空港建設技術は，特に大水深の海上埋め立て技術や軟弱地盤の改良技術，山岳部の大規模な掘削や高盛土を伴う用地造成技術などの分野で，世界に冠たる水準にまで発達してきたといえる。以下にいくつかの高度な空港建設技術の事例を紹介したい。

1. 大水深の埋め立て技術

海上の埋立工事は，そもそも港湾の建設技術が本家で，100年余に及ぶ近代港湾技術の積み重ねがあって初めてなし得たものである。空港建設においても運輸省（現国交省）や地方自治体の港湾技術者がその技術力を発揮したことはいうまでもない。

関西国際空港は，大阪湾の泉州沖5km，平均水深18mの海上に建設された。海底の地盤条件は，水分を大量に含んだ柔らかい地盤の沖積層が約20m，その下部には粘土層と砂層が複雑に積み重なった洪積層が400m以上の厚さで横たわっているが，いずれも強固な地盤とはいえず，その沈下対策は建設における大きな技術上の課題であった。

空港島の建設工事は，海底地盤の改良工事，護岸工事，埋立工事の手順で行われる。地盤改良工事は，沖積層の地層に含まれる水分を強制的に抜いて圧縮，安定させる工事である。水分が多い粘土層の上にそのまま護岸や埋立土砂を積み上げれば，その荷重によって大きくかつ不均一に沈下し，空港用地に大きな凹凸ができてしまうので，放置するわけにはいかない。工事はまず，海底面全島の範囲にわたり厚さ1.5mの砂層を均一に敷き，サンドドレーン工法（2.5mの間隔で約20mの深さまで直径40cmの砂杭を打ち込み，これを水道として埋め立て土砂の荷重をかけて強制的に粘土のなかの水を海中に絞り出す工法）で海底地盤の改良を実施した。

空港島（第1期）の護岸は，全長11kmにも及ぶ長大なものである。関西国際空港の護岸工事の特徴は，海底の改良された地盤上に盛砂，築堤捨石を投入し，比較的緩い勾配をつけて上部を被覆石，ブロック，コンクリートで固める「緩傾斜石積護岸」を多く採用したことである。これは，安定した外周を形成し，埋立地を波浪から守る本来の機能に加えて，護岸斜面に藻礁ブロックや成熟藻を用いて藻場を造成し，魚類の生息環境を創出するための工夫であり，瀬戸内海という環境に対する意識が高い区域において事業を推進するための工夫であったが，建設の７年後には豊かな藻場が形成され，格好の魚の棲みかとなっている。このほか，旅客用や工事用の船舶が接岸する護岸には，直立消波ケーソンや鋼製セルを用いた護岸が建設された。

埋立工事は，初期の段階は護岸内に土運船が進入し，土砂を直接投入する工法が用いられた。その後埋立海域が浅くなると，揚土船により順次埋立て陸地化し，最後には護岸の外側から陸揚げした土砂をダンプトラックやブルドーザーで敷きならすという手順で進められた。超大型の建設機械を動員して大量の土砂を投入する物量の壮大さもさることながら，ここでも将来の不同沈下を避けるために，仕上がり面の起伏と沈下の観測を行いながら丁寧に薄層・均一に積み上げていく緻密な作業が要求される工事でもあった。

このような大規模な土木工事を約４年間（1987 年着工，1989 年護岸完成，1991 年造成工事完

写真 6-4　関西国際空港外周護岸

出典：関西国際空港㈱パンフレット

成）という短期間で成し遂げたことは世界的にも高く評価され，関西国際空港の建設工事は，2001 年に米国土木学会からパナマ運河，ユーロトンネル，ゴールデンゲートブリッジ，フフーバーダムなどと並んで「世紀の偉業」（モニュメント・オブ・プレミアム）を受賞したところである。

2. 軟弱地盤の改良技術

東京国際空港（羽田）は，1978 年に新東京国際空港（成田）が完成し国際線が移転した後，それまでの超過密状態を脱して処理能力に多少の余裕が生じたがそれもつかの間，国内線需要の急増対策を迫られることになった。このため，羽田空港の処理能力の向上と，当時大きな懸案であった航空機騒音問題の解消を図る目的も併せ，現施設の沖合側に A・C2 本の平行滑走路を新設・移設し，B 滑走路を東方向に平行移動・沖出しする空港拡張事業が進められることになった。いわゆる「東京国際空港沖合展開計画」で 1983 年に着工された。羽田空港の沖合にはすでに東京都の廃棄物処理場（約 468ha）があって，1971 年から都内で発生する建設残土（建設工事に伴って廃棄される土砂類）や浚渫土砂による埋立が行われており，さらに 1986 年からその沖合に処理場を拡張（約 341ha）する計画となっていた。東京都の廃棄物処理事業も地域行政として不可欠な事業であり，沖合展開計画ではこれを両立するために，東京都の造成地を国（運輸省）が買収して空港を建設することとなった。

ここで大きな課題となったのは，建設用地の劣悪な地盤条件，すなわち超軟弱地盤の問題であった。東京湾のこのエリアは，

20m程度の軟弱な沖積粘土層の上にヘドロ状の浚渫土砂が堆積した約10mの粘土層があり，さらにその上に建設残土を積み重ねたものだが，水分を多量に含んだ粘土層は超軟弱であった。たとえば建設現場に出て鉄棒を地面に突き刺せばほとんど力を加えなくても沈んでいくほどで，皮肉を込めて「マヨネーズ層」とも呼ばれた。このような軟弱地盤上に滑走路などの構造物を建設するためには，大規模な地盤改良工事を実施しなければならない。羽田空港では，垂直に打ち込んだバーチカルドレーンで水の抜け道を作り，プレロード（裁荷盛土）により圧力をかけて強制的に粘土層内の水を排水する工法が採用された。ドレーンは，粘土層の厚さによりプラスチックボードドレーン（網目状のプラスチック製の帯を差し込むもの），砂杭を打ち込むサンドドレーン，さらに地盤の側方流動の恐れがある所では被覆式サンドドレーン（砂杭を袋状の織布でカバーしたもの）などが用いられた。粘土層が深いところでは，2.5mピッチで被覆式サンドドレーンを打設し，その間に1mピッチで4本のプラスチックドレーンを打ち込む密度であり，埋立地のほとんど全域で数百万本にも及ぶドレーンが打設されたことになる。

このような本来建設の不適地ともいえる地盤条件を高度な地盤改良技術によって克服し，羽田空港の現在の姿が実現されたところである。なおこれらの技術は，2006年に開港した新北九州空港やタイ国スワンナプーム新空港の建設にも適用された。北九州空港は，建設コストを削減するために，港湾工事として行われていた関門航路の浚渫土砂の処分場を空港島として活用する一体化プロジェクトとして計画されたが，ここもまたヘドロ状の超軟弱地盤を改良する技術がなければ，到底実現し得ないものであった。

3. 山岳地の用地造成技術

1970 年代頃から地方空港のジェット化整備に際して，新空港の適地を内陸部の山岳・丘陵地に求めた空港は，鹿児島，秋田，青森，岡山，高松，福島，広島など多くの事例が挙げられる。いずれも起伏の大きい現地形に対して大規模な切土・盛土工事を行い，数百 ha もの平坦な空港用地を造成したもので，限られた工期と予算の中で，多くの技術的な困難を克服して完成にこぎつけたものである。それぞれに過去の工事経験や実績データを生かしつつ，最新の建設技術を導入して行われたが，ここでは最大級の事例として広島空港の用地造成工事について紹介しておきたい。

広島空港の建設地は，写真 6–2 に見るように最高標高 384m，最低標高 200m の山岳地で，これを標高 330m の平坦地に造成する工事であった。最大切土高さは 54m，切土量は 1,500 万m^{3}を超え，最大盛土高さは 99m，盛土量は 1,600 万m^{3}に達する。合計で 3,000 万m^{3}に上る土工量は稀に見る大きさで，一度に 10 m^{3}を掘削するホイールローダーやバックホウ，77 トン級（50m^{3}積載）のダンプトラックなど超大型建設機械が最盛期には 1 日に 100 台以上も動き回る壮大な工事現場であった。切土工事の難題は，全体の約 40% が硬岩で，発破をかけて掘削しなければならないことであり，事前に庁舎・管制塔やターミナルビルの計画を確認，場所により硬岩を掘削する深さを詳細に設定し，極力使用する発破の量を削減する工夫も行われた。

盛土工事の困難はやはりその高さにある。特に斜面部については最大125mにも達する盛土となり，滑り崩壊をさせない安定性と雨水の排水性，流下侵食に対する抵抗力が要求されることから，極めて慎重な施工と管理が必要となる。法面の形成は，切土工事で発生した良質の硬岩を相互に組み合わせながら貼り付けていくリップラップ工法が採用された。城壁のような美しさを醸し出す仕上がりは，熟練工にしかできない匠の技でもある。これらに加えて最も難しいのは，全体の施工計画と品質管理である。ここでは，工事に伴い発生する切土量と盛土量をバランスさせて，場外への搬出入量を最小限にとどめる工夫と，土質性状にばらつきのある切土を細分化し，滑走路やエプロンといった最終的な利用計画に適合する盛土の要求条件に合わせて切土を使用する，文字通り適材適所の工事計画を作成し，さらに地盤の安定性や歪みを常時計測しながら適切な層厚で盛土・転圧を繰り返すという管理が必要であった。

4. ハイブリッド構造による滑走路建設技術

羽田空港では沖合展開事業を推進する傍ら，いずれ逼迫する首都圏の航空需要に対処するため，羽田，成田に次ぐ第三の空港の必要性が検討されていた。九十九里沖，東京湾奥などが候補地に上がったものの，アクセス利便性，整備コストといった観点から現実的な候補地が見つからず，また，既存空港の拡張も難しいものと考えられていたことから，最終的には新たにD滑走路としてA及びC滑走路の南端，海上に新設する計画を策定した。この場所は多摩川河口にかかるため，滑走路の配置が困難とされていた場所である。これを実現するために，河口部にかかる部分は水流を損なわないよう滑走路下部を水が流れる橋梁（桟橋）構造とし，残る部分を埋め立て構造とした世界でも珍しいハイブリッド構造が採択された。埋立工事も橋梁構造もそれぞれに大規模で高度な技術を要するものであるが，さらに異なる種類の構造物が滑走路の途中で接続し，一体となって航空機の離着陸に供用されるため，埋め立て部分で発生する沈下と橋梁部分で発生する温度変化による構造体の伸縮により生じる構造物間のギャップへの対応が技術上の大きな課題となっていた。この解決法は意外にも電車の連結部分を想像してもらうと理解しやすい。両方の車両から

写真 6-5　ハイブリッド構造

提供：鹿島建設㈱

写真 6-6　羽田空港 D 滑走路接続部の構造（埋立て，橋梁接続部）

差し出される鋼板が連結部分を覆い，車両の左右の揺れや前後の動きを吸収するため，乗客がその上を歩き車両を移動できるものと同様のものであり，埋立部と橋梁部から差し出される分厚い甲板が滑走路全幅を覆い，異種の構造間を橋渡ししている。D 滑走路から離着陸する航空機に搭乗した際には，この段差を感じ取った方もいるのではないか。

空港の豆知識　メガフロートの話

メガフロートとは「超大型鋼製浮体構造物」である。浮体構造物には港で乗降などに使われる浮き桟橋（ポンツーン）などがあるが，大型のものでは 1975 年の沖縄海洋博で 100m 四方の海上都市「アクアポリス」が建設されたことがある。

これを空港建設に用いる提案は過去にもあったが，羽田空港の 4 本目の滑走路建設の工法案の 1 つとされた。埋立方式に比べて大量の土砂を採取・運搬する必要がないこと，潮流を妨げないこと，撤去・移設が可能であり耐震性が高いことなどのメリットが挙げられる一方，潮位変動に追随して上下動をする特性がある。このため 2000 年，横須賀沖に長さ 1,000m の実証浮体モデルを建造し，建設技術の確認を行うとともに，実機による離着陸実験を行い，航空機の離着陸や ILS（計器着陸装置）の電波への影響など空港として利用することが可能かどうかの検証を行った。結果的には羽田の新滑走路の整備事業には採用されなかったが，そのメリットを生かした有効活用が期待されるものである。

第 7 章　最近の空港整備

世界的に航空需要は，ここ数年の傾向として新型コロナウイルス禍に見舞われる前までは増加傾向にあった。その中でもアジアは成長地域の中心の一つで，わが国も国際線，国内線ともに増加していた。そのけん引役となっていたのが訪日外国人の増加であるが，日本を訪れる外国人の中には，国内航空ネットワークや鉄道ネットワークを利用し周遊する人も多く，少なからず国内線需要の増加にも寄与していたと思われる。図 7-1 は，2017 年の訪日外国人の入国港を示しているが，成田空港，関西国際空港，羽

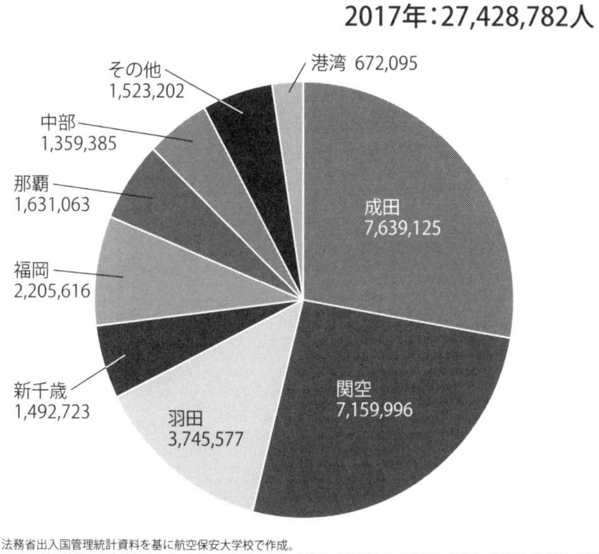

注1）法務省出入国管理統計資料を基に航空保安大学校で作成。
注2）JNTOの訪日外国人の定義（JNTOホームページより）：国籍に基づく法務省集計による外国人正規入国者から，日本を主たる居住国とする永住者等の外国人を除き，これに外国人一時上陸客等を加えた入国外国人旅行者のことです。駐在員やその家族，留学生等の入国者・再入国者は訪日外客数に含まれます。乗員上陸数（航空会社の乗務員）は訪日外客数に含まれません。

図 7-1 港別入国外国人数

田空港と大都市圏の空港が並び，その後に新千歳空港，福岡空港，那覇空港と地域の拠点となる空港が続いている。また港湾で70万人ほどの入国が記録されているが，その多くはクルーズ船を利用したもので，航空需要と同様にここ数年増加傾向にあったものであり，全国でクルーズ船が利用できる岸壁や旅客取扱施設等の整備も進められていた。

表7-1は航空局資料（空港別利用状況）に基づき2009年と2018年の空港別(主要空港)の国際線旅客数の伸びを示している。これによると，この9年間では羽田空港約260万人から約1,800万人へと1,500万人強も増加している（年平均増加率は24.0%)。これは，4本目の滑走路（D滑走路）の整備により増加した取扱容量をもとに国際線枠を増加させた結果である。また成田空港と合わせると約2,120万人増加（6.1%）と大きな伸びを示している。羽田空港での容量拡大により一部の路線・便数が成田空港から羽田空港へと移動したが，一方でアジアを中心に旺盛なLCC需要を取り込んだ結果である。ちなみに本執筆の時点ではまだ，羽田空港にLCCは就航していない。

同様に関西国際空港は約920万人から約2,230万人へ1,300万人強（10.3%）の伸びを示しているが，成田空港と同様にアジアを中心に旺盛なLCC需要を取り込んだ結果である。また地方空港では，新千歳空港が約80万人から約370万人へ290万人強（18.7%)，福岡空港が約200万人から約680万人へ490万人強（14.7%)，那覇空港が約29万人から約380万人へ350万人強（33.5%）と非常に大きな伸びを示している。

このような航空需要の大きな伸びは空港の処理能力に直接リン

表 7-1　国際線航空旅客数の増加

空港名	2009年	2018年	増加量	伸び率(%)
成　田	27,639,807	33,426,313	5,786,506	2.1
羽　田	2,590,110	17,968,980	15,378,870	24.0
関　空	9,223,714	22,345,996	13,122,282	10.3
中　部	4,152,226	5,899,852	1,747,626	4.0
新千歳	795,054	3,725,840	2,930,786	18.7
福　岡	1,991,262	6,827,631	4,836,369	14.7
那　覇	285,737	3,843,938	3,558,201	33.5
その他	1,909,368	4,370,988	2,461,620	9.6
計	48,587,278	98,409,538	49,822,260	8.2

クするものであるが，これらの空港においては，滑走路処理能力や旅客ターミナルビルの処理能力向上のための投資をしてきている。本章では，首都圏（羽田空港及び成田空港），福岡空港及並びに那覇空港における投資の概要を説明したい。

7-1　首都圏空港の機能強化

首都圏の空港容量は，羽田空港と成田空港の容量，及び茨城空港の容量で決定されるものである。このうち茨城空港については，防衛省が所管する百里飛行場（百里基地）の滑走路を利用する共用空港で，その取扱容量も制限されていることから，ここでは羽田空港と成田空港での対応について説明したい。

羽田空港については 2010 年の D 滑走路の供用開始以降，誘導路といった地上施設の整備，空域の再編，航空管制官の慣熟等の進捗に合わせ順次その取扱容量を増加させ，その最終として 2014 年度中に年間発着回数は 74.7 万回（うち羽田が 44.7 万回，成田が 30 万回）にまで拡大された。この結果，2014 年度夏ダイヤでは，羽田空港で 17 か国・25 都市へ，また成田空港で 41 か国・101 都市への国際線年ネットワークを構築するに至った。

○羽田・成田両空港における年間合計発着枠を75万回化することを最優先課題として取り組んでいる。〈発着回数は52.3万回（2010年）→74.7万回（2014年）と約1.5倍に増加〉

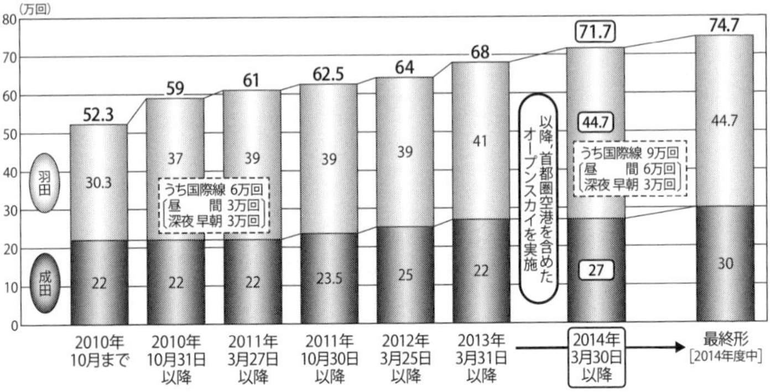

注1）いずれも年間当たりの回数である。
注2）回数のカウントは，1離陸で1回，1着陸で1回のため，1離着陸で2回とのカウントである。

図 7-2　首都圏空港（羽田・成田）の空港処理能力の増加について

しかしながら首都圏の航空需要は引き続き増加することが想定され，需要予測によると 2020 年代には処理能力を超過することが想定されていた。また 2020 年のオリンピックパラリンピック開催へ向け，産業・都市（首都圏）の国際競争力強化，訪日外国人の増加，日本全国の地域活性化という観点から，羽田・成田空港の処理能力を増加させるさらなる機能強化を進めることとしたところである。具体的には，羽田空港では飛行経路の見直し等で＋約 3.7 万回，成田空港では管制機能の高度化，高速脱出誘導路の整備等で＋約 4 万回，合計で約 6.7 万回増加させることとしたところである。

1. 羽田空港の機能強化

羽田空港での増便の柱の一つに飛行経路の見直し，すなわち都心上空飛行（都心部からの着陸で利用）の実施がある。これまでの羽田空港の歴史は騒音対策の歴史ともいえるものであり，都心上空の飛行に対し制約を設けるとともに，滑走路等の空港施設を東京湾の中へと沖出しすることにより容量の拡大を進めてきた。今回の対応は，増加する需要に対応するために必要な対応であり，可能な限りの運用上の配慮と安全対策を行うことを条件に進めているものである。

都心部からの着陸での利用は，南風の運用時で，15 時から 19 時の時間帯（運用の切り替えの関係で，実際に飛行するのは 3 時間程度）に限り使用するものである。羽田空港はその位置，滑走路配置，風向・風速といった運航環境等の関係で，ILS を使用した計器着陸方式が使用できない南風運用時より，ILS を使用した計器着陸方式が使用できる北風運用時の方が滑走路処理能力は高い。一方で航空会社は，基本的にはある路線に対し年中同じ便数を確保する必要があるため，滑走路処理応力が低い南風運用時の能力を前提に路線・便数を設定する必要があったが，南風運用時の処理能力を増加させることができれば，より多くの路線・便数を設定することが可能になるものである。南風運用時の都心上空使用は，このための対応である。

羽田空港で使用される機材は小型化が進むとともに，航空機そのものが発生させる騒音の大きさも小さくなりつつあるとはいうものの，今まで飛んでいなかった場所に新たに騒音が発生するわけであり，各種手続きを進めるに当たっては，事前に関係者に対し説明を尽くす必要があった。このため説明会は，来場者それぞれの関心事に細やかに対応するため，オープンハウス型（説明パネル等の展示と併せ，担当者が来場者それぞれの質問等に対して適切に説明をさせて頂くとともに，意見等を伺う形式）で6つのフェーズに分けて実施された。その結果，南風着陸時の高度引き上げや学校等に対する防音工事の弾力的運用の実施といった対応を追加で実施することとしている。

また航空機騒音と並び多かった意見は，落下物への対策である。航空機が飛行する場合，部品や氷が航空機から落下する可能性は否定できない。実際2008～2019年度には，24件（うち，成田空港周辺では22件（部品17件，氷塊5件），関西国際空港周辺では1件（部品），熊本空港周辺では1件（部品），羽田空港周辺では0件）の落下物が発生している。このため南風運用時の都心上空使用に当たっては，未然防止策の徹底と事案発生時の対応強化を進めることとしている。未然防止策の徹底は，すなわち航空会社における対応の徹底であるので，新たに「落下物防止対策基準」を策定し，本邦航空者及び日本に乗り入れる外国航空者に対し義務化している。具体的には，機体の改修といったハード面の対策から，整備・点検の実施，教育訓練，部品・氷塊落下が発生した場合の原因究明，再発防止体制の構築といったソフト面での対応も含まれている。一方落下物事案が発生した場合の対応は，補償制度の充実である。部品等を落下させた航空会社が特定できる場合にはその航空会社が補償するのが基本であるが，どこの航空会社が落としたものかすぐに特定できない場合もあり，その場合には国が立て替える制度を確立したところである。とはいっても，そもそも落下物が発生しないにこしたことはないので，航空会社を中心とする防止対策の徹底が望まれるところである。

施設面では，飛行経路の見直し（都心上空からのILS着陸（16R,

16L））に使用するLLZ，GSといった無線施設や高速脱出誘導路，さらにはRW34Lの末端多摩川側へのRESAの整備を行っている。このうちRESA（Runway End Safety Area：滑走路端安全区域）は，基準では過走帯端から240mの確保が望ましいが，地形等の条件により困難な場合は90m以上確保し，実行可能な範囲で最大限確保するとしている。羽田空港において90mを確保するためには構造物が多摩川の中に突き出してしまうため，EMAS：Engineered materials arrestor systemと呼ばれる壊れやすい材質の素材を敷き詰めた区域で対応している。

写真7-1　EMASのイメージ（米国チャールストン・イエーガー空港（2010年1月））

2. 成田空港の機能強化

成田空港においては，管制方式の高度化及び高速脱出誘導路の整備により，合計で約4万回の容量拡大を実施している。このうち管制方式の高度化は，2本の平行滑走路への同時進入により実現するもので，平行して着陸する航空機の飛行コースのずれが他の航空機の飛行コースに影響を与えないよう監視するシステムの整備・稼働により実現されたものである。一方高速脱出誘導路の整備は，着陸時の滑走路占有時間短縮につながり，結果として滑走路処理能力の向上に寄与するものである。

また成田空港では現在3本目の整備が進められている。これまでに新規事業採択手続き，環境アセスメント，航空法手続きを完了し現地工事に着手したところであり，2029 年 3 月の供用開始を目指している。

公表されている計画によると，新たに 1099ha の用地を取得し，B 滑走路の東側 420m，南側に 3,500m 滑走路を新設するとともに，B 滑走路を北側に 1,000m 延伸し 3,500m にする。これにより，空港容量は 34 万回から 16 万回増え約 50 万回に達することになり，成田空港会社の想定では，将来的には 7,500 万人からの旅客を取り扱うことが可能になるとしている。また滑走路の増設に併せ旅客ターミナルビルの新設も進めるとともに，航空局においては，3 本の滑走路を管制する新管制塔やの整備も進めることになる。これらが完成すれば，首都圏の空港容量は羽田空港と合わせて約 100 万回に達することになる。また併せて，さらなる利便性向上を目指しワンターミナル化といった旅客・貨物取扱

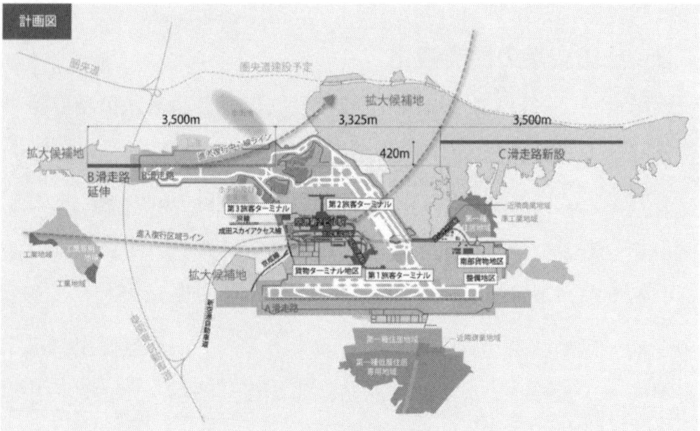

図 7-3　成田国際空港拡張計画図

出典・成田国際空港㈱ HP

施設の再編や，道路・鉄道アクセスの検討も進められている。

7-2　新千歳空港の機能強化

新千歳空港も訪日外国人の訪問とともにその取扱い旅客数が増加し，滑走路処理能力や特に国際線のターミナル施設の処理能力増強が課題となっていた。このため，滑走路処理能力を向上させる（管制は防衛省が実施）とともに，次のような地上施設の整備を行っている。

1．南側連絡誘導路の整備

新千歳空港の旅客ターミナル地域は，東側にある民航用滑走路（国土交通省が管理）に面し国内線ターミナルビルが，また西側にある軍用滑走路（防衛省が管理）に面し国際線旅客ターミナルビルが立地しており，その間は，国内線旅客ターミナルビルの北側に設置された連絡誘導路で連絡されている。このため，国際線の航空機は，離着陸に際し必ず国内線旅客ターミナルビルの前を

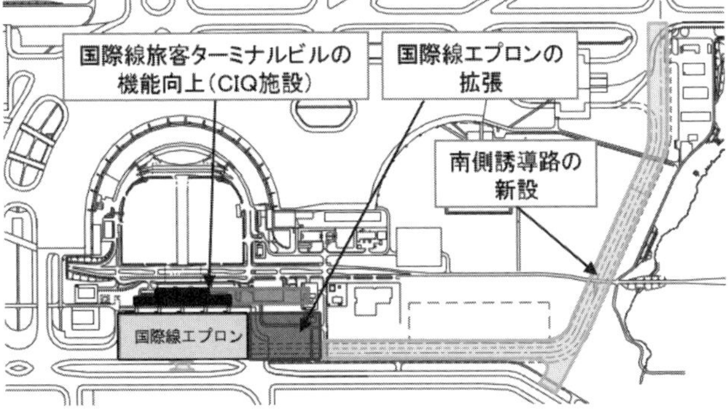

図 7-4　南側誘導路の新設

通過することとなり，ピーク時間帯等においては誘導路上での待機等で地上移動に必要以上の時間を要していた。この課題を解決するため，国内線旅客ターミナルビルの南側で国際線旅客ターミナルビルと民航用滑走路とを直接連絡する誘導路を整備した。これにより，国際線の航空機の運用（地上走行）の効率は格段に改善された。

2. 誘導路の複線化及びデアイシング施設の追加

新千歳空港は，2 本の平行滑走路とそれらに平行に設置された 1 本の平行誘導路で運用している。このため，平行誘導路の除雪中や，防除雪氷材の有効時間切れ等でエプロンに引き返してくる航空機がある場合，一時的に滑走路を航空機が占有し処理能力に影響を与えることがある。これに対し，平行誘導路を 2 重化，滑走路末端付近の取付誘導路を 2 重化するとともに，滑走路南側末端付近に専ら防除雪氷作業に利用するデアイシングエプロンを設置し，防除雪氷作業及び航空機運用の効率化を図ることとし

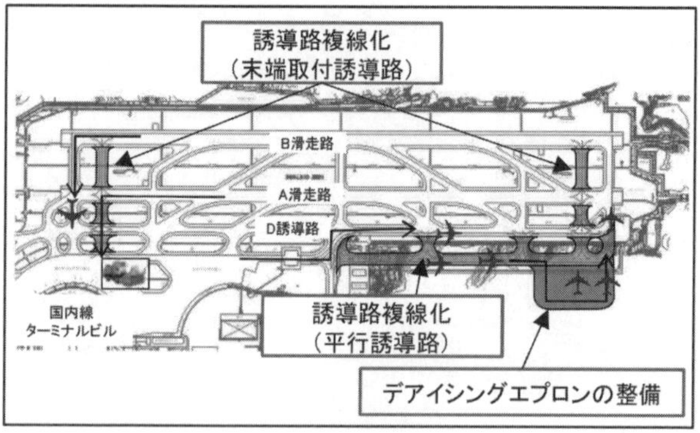

図 7-5　新千歳空港の整備概要

ている。

7-3　福岡空港の機能強化

福岡空港についても急増する航空需要に対応するため，2003 年度から国（九州地方整備局，大阪航空局）と地域（福岡県，福岡市）が連携･協力し「福岡空港の総合的な調査」を行ってきた。その結果，福岡空港については，ピーク時における増便が困難になっているなど制約が生じ，2010 年代初期には滑走路処理容量に余力がなくなると予想された。さまざまな対応が検討されたが，「現空港における滑走路増設」と「新空港」を選定，PI を活用し関係者の意見等を収集してきたが，PI の結果では，滑走路増設案に積極的な意見の数が新空港案に積極的なものを上回っていた。この PI の結果なども踏まえ，福岡空港の地元自治体である福岡県知事と福岡市長は，2009 年 3 月「福岡空港の過密化対策について」と題する意見書を公表するとともに，国土交通大臣に対し滑走路増設に速やかに着手するよう要請したところである。その後具体的な施設計画の検討，環境影響評価手続きを実施し，2014 年 12 月に新規事業採択に係る評価を行い，2015 年度事業として着手している。またその間の対応として，東側ターミナル地域の再整備を行うこととした。それら事業の概要は，次のとおりである。

1．東側ターミナル地域の再編事業

福岡空港は国内線側の平行誘導路が 1 本で 2 重化されていないことから，プッシュバックする出発機と誘導路を走行する到着

機とが互いにブロックし遅延が発生していた。また併せて国内線旅客ターミナルビルは建設から30～40年以上が経過しており，老朽化が問題になっていた。これらの課題に対応するため，平行誘導路の二重化（旅客ターミナルビル前面部のみ）及びこれに伴う国内線旅客ターミナルビル等の移設整備を進めてきたものである。これにより，エアサイドにおける航空機の運用効率は向上し，1時間当たりの滑走路処理能力が35回から38回へ増加した。また2020年に旅客ターミナルビルの改修も完了したが，地下鉄からのビルへのアクセス動線が明確になるとともに，3か所に分散していたチェックイン施設が集約された。スポットは，固定橋が利用できるスポット数が増加するとともに，マルチスポット（大

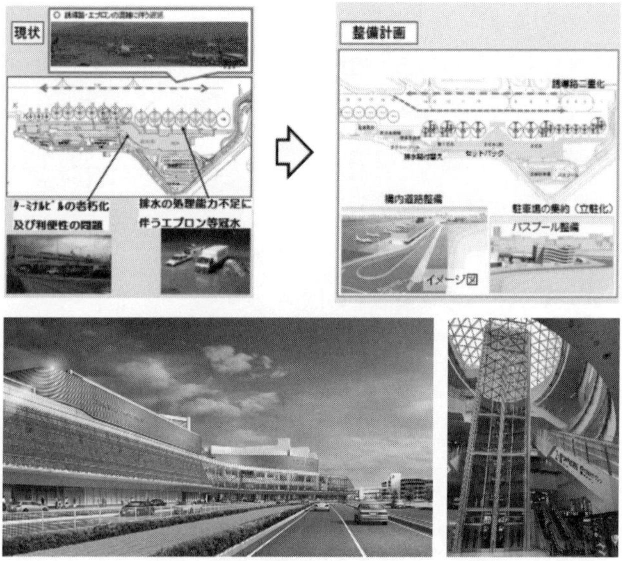

図7-6　福岡空港国内線旅客ターミナルビル

型機 1 機が利用できるスポットで小型機が 2 機利用できるスポット)も増加した。またビル内のさまざまな施設の改修も行われ，旅客へのサービスレベルが大きく向上したところである。

2. 奈多ヘリポートの整備

福岡空港には，福岡県域住民の安全・安心の確保，情報発信のための機能に対応するため，消防，捜索・救難，救急医療，報道に対応するヘリコプターが防衛省機を除き 23 機常駐していた。需要の増加に伴い滑走路が混雑する中，年間 7,000 回程度の運航があったが，ヘリコプターの離着陸は滑走路を利用する航空機（固定翼）との間で競合し，双方の運航に悪い影響を与えていた。引き続き需要の増加が想定される中，この課題を解決するために，現在の福岡空港とは違う場所（海の中道，奈多地区）に 24 時間運用可能なヘリポートを新設し，23 機の常駐機の移転を進めた

図 7-7　福岡空港（奈多地区）整備イメージ

ものである。2020年3月26日に供与を開始したが，施設は，滑走路（長さ35m，幅30m）1本にエプロン，格納庫等で構成され，施設の管理は福岡空港と一体で福岡国際空港㈱で実施されている。

3. 滑走路増設事業

滑走路増設事業は，ひっ迫する北部九州圏の処理能力向上のために実施されるものであるが，新空港の建設のような単純な対応ではなく，市街地の中に存在する空港において周辺地域への影響等を考慮し，最大限可能な拡張（物理的な対応）を行うとともに，離陸に際しての運航方式の見直しも併せて処理の能力を向上させるものである。

図7-8は，滑走路増設後の施設配置であるが，現在の滑走路（2,800m，18/36）と平行・西側に210mの間隔で新滑走路（2,500m），平行誘導路を整備するもので，関連で貨物施設，自衛隊施設等の移転や排水施設の整備等を行うとともに，一部用地買収を行うものである。事業期間は，埋蔵文化財調査，用地買収

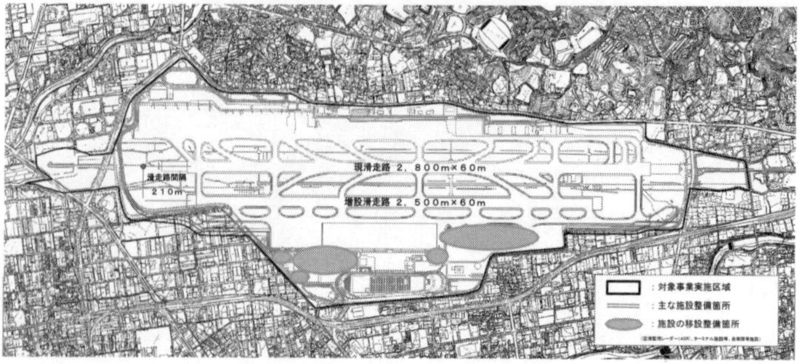

図7-8　福岡空港滑走路増設イメージ

図 7-9　福岡空港新管制塔

提供：大阪航空局，㈱梓設計，大成建設㈱

に要する期間も含め約 10 年，2024 年度の完成を見込んでいる。

増設により滑走路処理能力は 40 回 / 時まで拡大することになるが，需要予測の上限ケースでは 2020 年代後半には処理できなくなることが想定される。このため進入方式の高度化により，処理能力を 45 回 / 時まで拡大することもオプションとして想定しているものである。この高度化は，実際の需要動向を見てその必要性を判断するものであるが，従来と違う飛行経路となることから，地元住民，自治体等の関係者の理解が不可欠なものである。

7-4　那覇空港の機能強化

那覇空港第 2 滑走路は，2020 年 3 月 26 日に運用を開始した。2002 年 12 月の交通政策審議会空港分科会の答申において，「那覇空港は，将来的に需給が逼迫することが予想されることから，幅広い合意形成を図りつつ，国と地域が連携して，『総合的な調査』

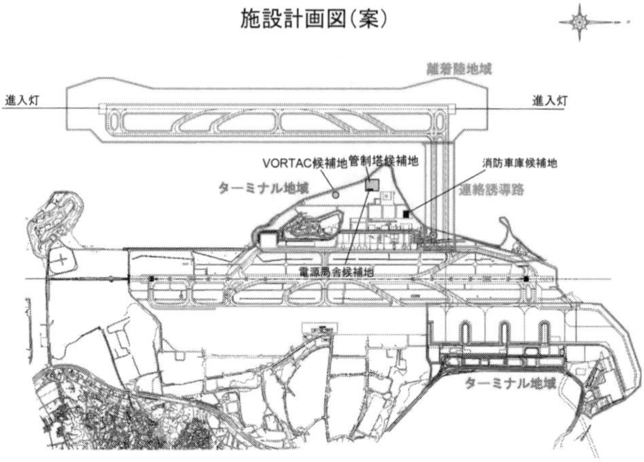

図 7-10　那覇空港施設計画図（案）

を進める必要がある」とされて以降 17 年で迎えた供用である。このプロジェクトも福岡空港の滑走路増設事業と同様に透明性向上の観点から PI 手法を取り入れ，関係者から意見を聴取しつつ進めてきた。

図 7-11 は，検討段階のプロジェクトの流れを示しているが，総合的な調査段階，構想段階と進める中で，最終的には現滑走路から 1,310m 東側海上に新滑走路を建設することとしている。総合的な調査の段階では，平行滑走路の計画は，現滑走路からの離隔距離が 1,310m，930m，210m の 3 案があった。これらの案についてさまざまな分野の有識者も参加する技術検討委員会で工期や事業費，建設工事に伴う環境への影響等さまざまな視点で評価を進めてきた。その際のポイントの一つに瀬永島（現滑走路の南側に位置する島で，沖縄文化の発祥の地に一つとして信仰の対象になっている。）の改変については極力避けたいという意見が

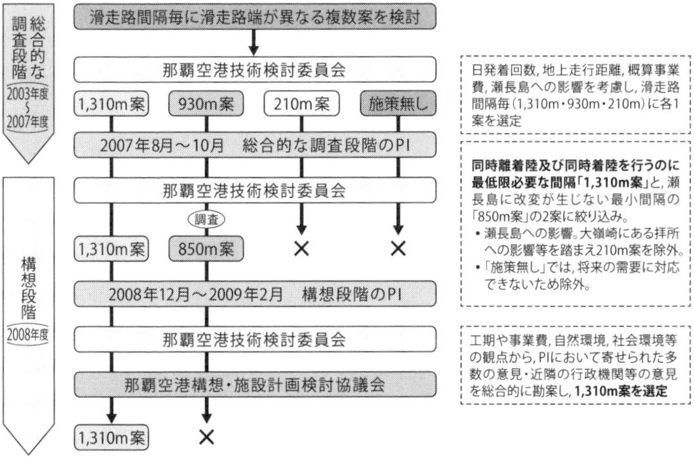

図 7-11　滑走路増設事業の検討経緯

あった。また同様に拝所が多く残る大嶺岬への影響も考慮し，福岡空港と同様に最短の離隔 210m で平行滑走路を整備する方策は，初期の段階でふるいから落ちたところである。その次の段階に 1,310m 案，930m 案（精査後 860m 案）の 2 案の比較を行っている。2 本の滑走路の間に内水面を残すことにより，絶滅危惧種であるクビレミドロやサンゴの移植といった環境への影響がより望ましいといった観点や，1,310m 離すことにより将来的に同時離着陸の可能性が残ることも併せて評価したものである。

那覇空港も 2,500m の滑走路を新設することから，福岡空港と同様に環境影響評価法に基づく環境影響評価を行っている。2010 年 8 月の「環境影響評価方法書」の公告・縦覧で始まった環境セメント手続きは，2012 年 9 月の「環境影響評価準備書」

の公告･縦覧，一般からの意見募集，県知事からの意等を踏まえ，2013 年 9 月に「環境影響評価書」として取りまとめられたところである。

那覇空港は，空港に隣接し自衛隊の基地が存在（滑走路は国土交通省が管理する滑走路を使用）することから，大阪空港や福岡空港と並び航空機騒音の影響が大きい空港で，環境影響評価の実施に当たっても航空機騒音がどのようになるのか注目を集めたところである。二本目の滑走路は現滑走路より沖側に整備することで騒音の発生源が市街地から離れるという効果を期待したところであり，3 つのケースを想定し航空機騒音の影響を評価した。そのうち増設滑走路を最大限活用するケースでは，航空機騒音の影響は現況より小さくなることから，増設の効果が確認されている。しかしながら実際の運航条件は，評価の時点では決めることはできないため，供用後，陸域への影響の程度が著しいものとなる恐れがある時には，事後調査を実施することとしている。

写真 7-2　那覇空港新管制塔

提供：大阪航空局

那覇空港では，滑走路増設に関連して 2 本の滑走路の間，大嶺岬に新管制塔を整備している。管制室のアイレベルの高さは 96.7m で，成田空港を抜き国内 2 番目となった（1 位：羽田 115.7m，3 位： 成田 87.3m)。管制塔はその高さ，形状から揺れに対する対策が重要である。那覇空港の管制塔においても，地震による揺れや台風時も含めた強風に対する揺れを前提にシミュレーションを行い，制振・免振の機能を持たせ制御することとしている。また新管制塔では，既存滑走路と新設滑走路の両面管制を実施することになり，トラフィックの増加に対応してゆくことになるが，将来的には周辺の空域等の条件の確認を経て，同時離着陸が可能となる日を期待するものである。

7-5　離島空港（小笠原空港の検討）

東京から 1,000km 離れた島へは船舶で（東京竹芝桟橋から週 2 便の定期便が就航）24 時間必要であり，救患輸送等の課題があり，小笠原村は早期整備を切望している。小笠原空港については現在，東京都において検討が進められている。新たな空港の整備に当たっては，代替手段の検討を含む必要性の十分な検証，候補地選定，施設，空域等の空港計画の十分な吟味，概算事業費の精査や費用対効果分析の徹底等を行って，真に必要かつ有用なものに限って事業化するとしている。また当然ながら空港を整備した後，実際に就航する航空会社が存在することが前提となるものである。

空港整備の前提として航空路の開設が重要であるが，特に使用する機材の選定が重要である。これまでの東京都の調査では，ATR42-600S という 1,000m の滑走路で離着陸できる航空機や，AW609 という 400m 程度の滑走路で離着陸できるティルトローター機が検討に上がっている。いずれも現在開発段階のものであり，今後の動向が気になるところであるが，ATR42-600S につ

図 7-12　観測機器設置場所

出典：東京都小笠原航空路協議会資料より抜粋

いては，トキエアーが新潟，佐渡間に就航させるべく調達を予定している。

東京都は並行して現地での気象・海象調査を進めるとともに，環境調査を進めている。予定地は世界自然遺産の範囲及び国立公園の範囲からは外れているものの，制限表面の確保のために一部国立公園内の改変が必要になる可能性があるとともに，整備内容によっては海洋への影響も出てくる可能性がある。このため，世界遺産委員会に対し，検討状況を報告しているところである。

以上のように様々な課題のあるプロジェクトであるが，関係者の努力により困難な課題を一つずつ解決して，新空港が実現することを期待している。

終章　空港にまつわる最近の話題

この章では，空港にまつわる最近の話題と，個人的な見解ではあるが夢の空港のあり方について話をしたいと思う。

1　カーボンニュートラルへの取り組み

1．政府目標の設定

地球温暖化対策の検討が世界中で進められ中，わが国においては，2021 年 4 月に開催された地球温暖化対策推進会議において，「2030 年度までに 2013 年度比 46％減」という今後の CO_2 削減目標が設定された。集中豪雨，森林火災，大雪など，世界各地で異常気象が発生する中，脱炭素化は待ったなしの課題であり，同時に気候変動への対応は，わが国経済を力強く成長させる原動力になるという思いでさまざまな対応が進められている。

2．航空局の動き

これを受け航空局は，飛行ルート，飛行高度の設定といった航空路に関係する対応，出発・到着時の燃費の良い運航方式の設定，空港内におけるアイドリング時間の短縮，地上走行経路の最適化といった運航分野における対応の検討を進めるとともに，持続可能な航空機燃料（SAF）の導入を進めている。

また空港分野においては，旅客ターミナルビルといった空港の施設，空港内で使用される車両からの CO_2 排出削減や，エプロン駐機中の GPU 利用，太陽光発電の導入といった対応の検討を進めている。

3. 関係者の動き

空港にはエコエアポート協議会という空港関係事業者の集まりがあるが，空港毎に利用状況，立地条件等前提条件が違う中，この協議会を中心に具体的な対応の検討が進められている。太陽光発電の導入は再生可能エネルギーとしてその効果も高いものであり積極的な展開が期待されているが，既存の空港用地内だけでは展開に限界があるので，空港に隣接する国有地の活用も併せて検討されている。

また各種空港内の施設，空港関連車両における水素の利用についても，検討が進められている。

2 空飛ぶクルマ

空飛ぶクルマは，人の移動や物流の概念を大きく変え，人々の生活や地域に新たな価値と活力を与えてくれる可能性を秘めているとの理解の下，わが国では 2018 年 8 月に“空の移動革命に向けた官民協議会”が設立，“空の移動革命に向けたロードマップ”（改訂版，2022 年 3 月 18 日）を策定し，各種取り組みが進められている。ロードマップによると 2025 年に開催される大阪・関西万博で人の移動について実運用を開始，以降に都市，地方，離島における人・物の移動の利用拡大を進めることとしている。

実際の運航へ向けた，機体安全基準，技能証明，空域・運航，事業制度，離着陸場といった技術面での対応や社会許容性に係る取り組みが必要であるとともに，安全性・信頼性，運航管理，電動推進といった関連する技術開発面での対応も必要である。

想定される空飛ぶクルマの利用方法としては，都市エアタクシー，災害救助，救命救急活動，遊覧観光・レジャーなどがあるが，空港の２次交通もその一つである。具体的には，ターミナルビルや近接する立体駐車場屋上に離着陸場を設置することにより，速達性を求める特別な旅客（BJ 利用旅客等）に対するサービスの提供に活用可能ではないかというものである。また速達性を求める特別な旅客利用以外でも，貨物輸送や防災，医療活動等での利用もあり得るかもしれない。

空港においてバーティポート（空飛ぶクルマの離着陸場）を整備する場合，空域の確保が大きな課題となる。たとえば羽田空港の例では，羽田空港には現在４本の滑走路があるが，国内旅客を扱う T1 及び T2 は，４本の滑走路で囲まれるエリア（井桁の中）に立地している。各滑走路には航空機の安全な離着陸を確保するための制限表面が設定されており，空飛ぶクルマがどの程度接近できるかについては検討が必要なところである。

今後実際に利用可能な空飛ぶクルマの開発が進み，映画に出てくるような空飛ぶクルマが飛び交う時代が早晩訪れることを期待する。

3　これからの空港

以下は，筆者がこれまでの経験をもとに考えるところであり全くの私見である。日々さまざまな基礎技術の発展やその応用が進む中，空港を支える各種技術も日々進展すると思われるが，実際どのような時代が来るのか予測できない中でのある意味妄想かも

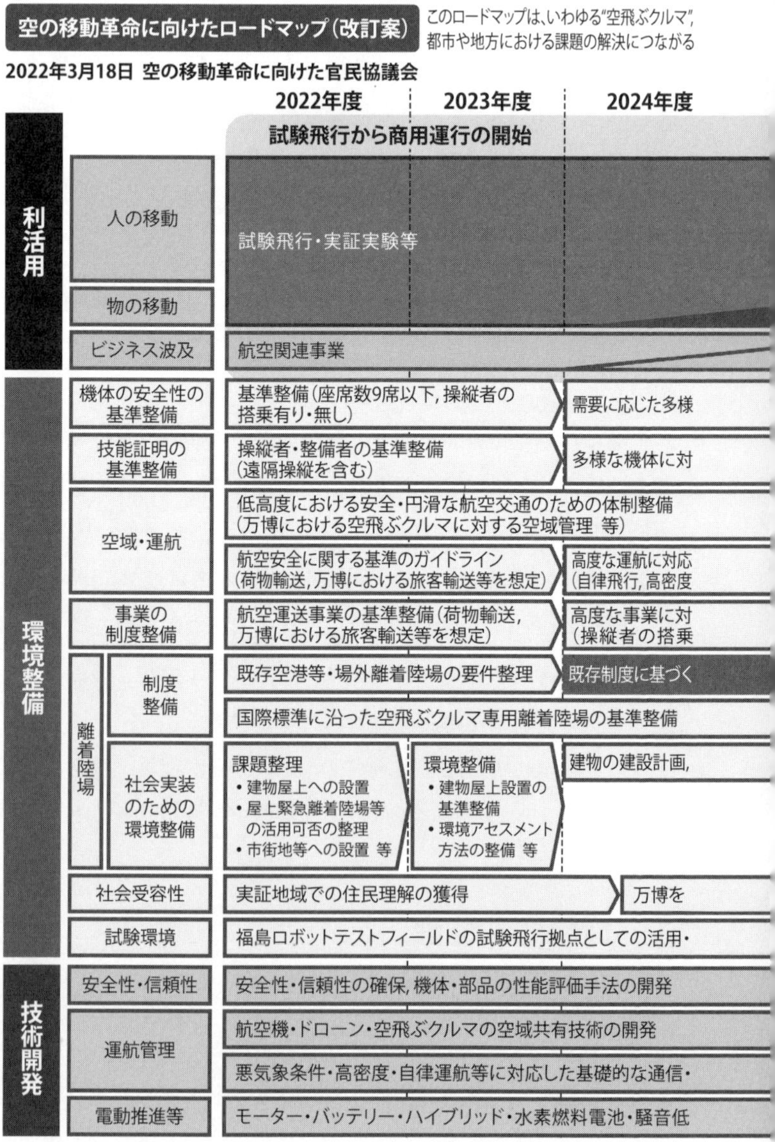

図 終 -1 "空の移動革命に向けたロードマップ"（2022 年 3 月 18 日）

電動・垂直離着陸型・自動操縦の航空機などによる身近で手軽な空の移動手段の実現が，
可能性に着目し，民間が取り組んでいくべき技術開発や制度整備等についてまとめたものである。

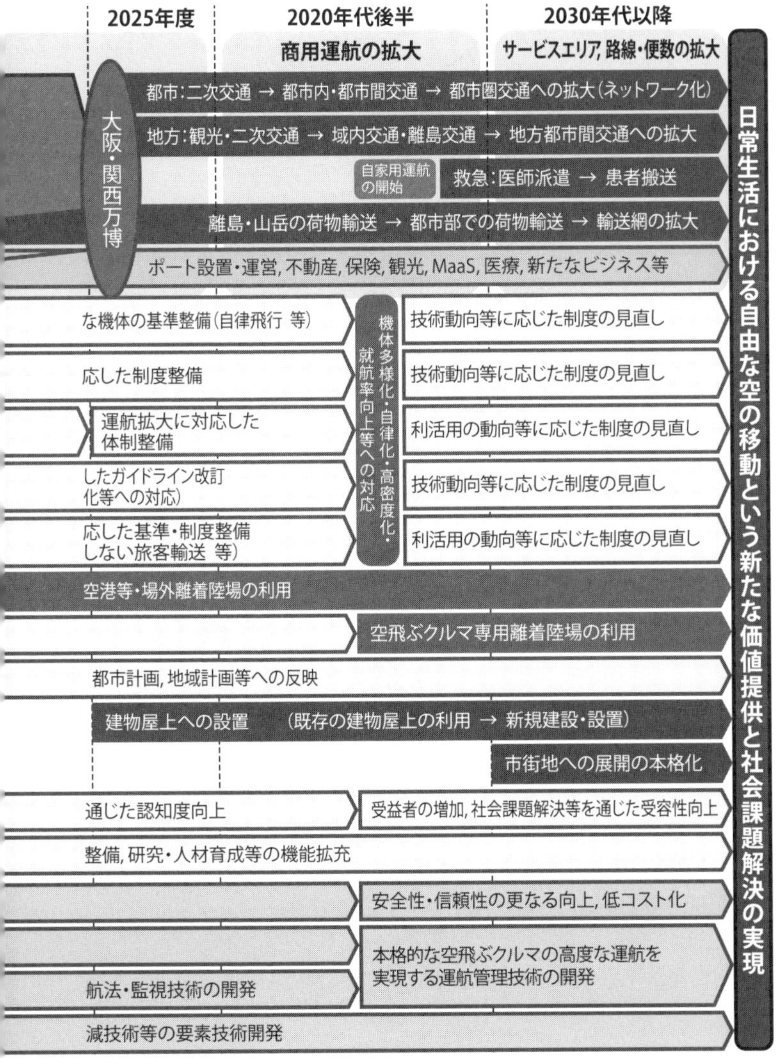

しれないが。

1. 航空機騒音への対応

筆者の社会人としての最初の仕事は，航空機騒音対策として住宅防音工事の仕様書作成や航空機騒音対策に関連する補助金業務であった。そもそもは空港計画に携わるつもりで就職したのであったが，全く想定していなかった仕事であり困惑したが，空港が空港として機能するために不可欠な下支えの仕事であり，空港システムという概念を理解する上で貴重な経験であった。その頃から考えていたことではあるが，いずれ航空機騒音そのものを気にしないで済む空港が誕生するのではないかと。

考えられる対応だが，１つ目はそもそも騒音を出さない航空機を開発すること。これには二つの考え方（組み合わせもあり）があるのではないだろうか。抜本的なものはそもそも騒音を出さないエンジンや機体（飛行に伴い機体の風切り音が発生）を開発することである。空気を噴出させ莫大な推進力を発生させるエンジンを使用する以上そもそも音を出さないというものが開発可能かどうか不明だが。２つ目は垂直に離着陸する航空機の実用化である。垂直に着陸する航空機はすでに軍用機などで実用化されているが，同様の技術を用いて数百人からの旅客を運ぶ民間航空機に利用できないだろうか。

航空機は離着陸中，地上走行中，また空中を飛行中に騒音を発生させている。この騒音の存在は，空港のそもそもの立地また空港周辺の土地利用など空港計画にさまざまな影響を与えている。これは航空機騒音が人体等に対し悪い影響を与えるという前提での対応であるが，騒音が小さくなる，又はそもそもなくなれば空港の社会的な位置づけが変わり，空港計画のあり方や周辺の土地利用計画等も大きく変わるのではないだろうか。具体的には，空港周辺に設定される制限表面が変わり高さ制限が緩和されるとともに，騒音の影響を考慮せずにさまざまな用途に利用できる可能性があると思われる。空港と地域との共生という課題は常に議論になるものであるが，残念ながら未だ空港は海の港とは違い迷惑施設から脱却しきれていない。航空局で働き始めた最初の仕事が環境対策（特に航空機騒音対策）であった筆者にとっては，超音速旅客機の開発より世の中に与えるインパクトは大きいと考えるところであり，騒音の影響が極力ゼロに近い空港の開発はぜひとも実現したい夢の一つである。

2. 除雪

航空機の空港における運航の一番重要なものは離着陸である。その離着陸は滑走路を使って行われているが，航空機の性能や離着陸の際の気象条件等によって離着陸ができないことがある。これは安全に直結する話であり，安易に変更できるものではない。わかりやすい事例では，空港の除雪がある。積雪によって滑走路の滑り摩擦抵抗値が小さくなり制動時の停止までの距離が長くなり，時に離着陸できないことになる。このため空港管理者においては，除雪体制の強化や気象庁，航空会社と連携し，降雪や航空機の運航状況を確認しながら，より効果的で効率的な除雪を実施しようと努めている。空港の除雪は航空機の安全な運航を確保するうえで不可欠な対応であるが，残念ながら連続した降雪時には除雪が間に合わず，遅延や欠航が発生したりする。このような状況に対し，今後空港はどのように対応することができるのであろうか。

話は単純で滑走路上に雪が積もらなければ，より安全で効率的な離着陸が可能となる。ではどうすれば雪が積もらない滑走路を確保できるのか。これは二つの夢がある。1つ目は，そもそも空港に雪が降らない工夫をすることで，例えば，空港そのものを大きく空気の幕みたいなものでドーム状に覆い，その空気の幕を雪が通過する際に溶けて雨に変わるといったシステムが構築できないだろうか。そうすると，そもそも滑走路に雪が積もることがなく，安全な運航が確保できるのではないか。

2つ目は，雪が滑走路に降ったとしても，滑走路の舗装に触れた瞬間溶けて水に変わるようなシステムが構築できないかと。実際道路では，地下水や電力（電熱線）を利用する融雪装置が多く使用されているが，航空機を対象とした場合，その荷重条件や電気代の課題があり空港では実用できないといわれてきている。ならばそのような装置を使用しない対策はできないものだろうか。今日，汗と反応し発熱する素材は衣料品に多く使用されているが，同じように雪が滑走路の舗装に触れた瞬間溶けて水に変わるようなものは活用できないだろうか。さまざまな技術革新が行われる中，必ずしも空港とは直接関係ない分野で新たな技術が開発され，応用できる日を期待するものである。

いずれの場合も一つ課題がある。それは，一度融けた雪が再凍結しないような工夫が必要という点である。雪は離着陸に際しての滑走路長に大きな影響を与えるが，氷はその比ではない。滑走路の摩擦抵抗値はほとんどゼロになり，離着陸不可という状況になってしまう。滑走路が置かれた温度環境により変わるのかもしれないが，熱による再凍結の防止なのか，化学的な対応なのか，なにかしら対応が必要である。

3. 無人化・自動化

少子化に伴う人口減少の影響への対応として，さまざまな分野で無人化・自動化の検討が進められている。また新型コロナ禍への対応においては自宅等でのリモート勤務が進められたが，一般には今後，仕事のやり方が大きく変わることが期待されている。では空港はどうだろうか。旅客のチェックインに係る手続きは自動化が進んできているが，今後どこまで進むのであろうか。一方，受託手荷物の航空機への積み下ろしなどさまざまな地上支援作業やセキュリティチェックといった業務は，今後どのように自動化・無人化されるのだろうか。現在複数の車両について自動運転のトライアルが実施されているが，IT 技術のさらなる向上・活用によりさまざまな作業が人力ではなく機械化また自動化される時代が来るかもしれない。いや来ないと，新型コロナ禍を克服し再度拡大する航空需要をさばけないといったことが発生するかもしれない。

4. セキュリティチェック

最近の空港旅客ターミナルビル計画には，セキュリティチェック通過後の保安区域において物販・飲食等のサービス施設をより充実させる傾向（流行？）がある。これは，チェックイン，セキュリティチェック，国際線の場合には出国検査等一連の手続きが終了し，ほっと一息安心した心理状態の中で，ゆっくりと時間を使ってもらいたい，より多くのお金を使ってもらいたいという考え方がそこにはあり，わが国におけるコンセッションの事業者選定においても，多くの候補者が旅客ターミナルビルを改修し，保安区域内でのサービスの充実を提案している。

でも本当にこれで収益性は向上するのだろうか。今現在は，保安区域に入りお金を使えるのは航空旅客だけであり，その人数には限界がある。このような状況の中で本当に収益性は高まるのだろうか。複数の運営権者の提案に，保安区域内に見送り人まで入れる構想がある。見送り人まで保安区域に入れることでお金を使用できる母数を拡大しようというものである。このためには，保安検査の対象を見送り人にまで拡大するという規則の変更が必要になるが，一方でより高度なセキュリティを求める中で本当に可能だろうか。

筆者の答えはゲートセキュリティ方式の実施である。現在日本の多くの空港の保安検査は，セントラルセキュリティ方式と呼ばれるもので,複数のゲートを対象に検査機器を集約配置している。集約配置することでピークの平準化を行い，検査効率を高めようというものである。一方ゲートセキュリティは，個々のゲートで独立して（2ゲートに1か所の場合もある）検査機器を配置するもので，航空機への搭乗ぎりぎりのところでスクリーニングを行うものである。このため，安全レベルは向上するものの，検査のピークは搭乗時間ギリギリにくることになり，保安検査の遅れにより出発時刻の遅延が発生する可能性がある。また保安検査でチェックされ搭乗できなくなった旅客がいた場合，いったん航空機に搭載した受託手荷物を積み下ろすこととなり，これもまた遅延の原因となりかねない。しかしながらより高性能で十分な処理能力の検査機器を設置できれば，可能になるのではないか。国産の新たなスクリーニング機器の開発を期待するものである。

5. 情報提供

最近の旅客ターミナルビル計画に，すべての検査終了後の旅客の動線を，物販店の中に，それも迂回させながら配置する傾向（流行）がある。これは，物販店に接する機会・時間をより多くすることにより多くの購入を期待するもので，非航空系収入を増加させるという観点で良い取り組みとされている。しかしながら本当にそうであろうか？

たとえば出発時刻ぎりぎりで直接ゲートに向かいたい旅客や，時間はあるが飲食店へ駆け込みたい，椅子に座りたいという人にとってはどうであろうか。なんとなく情報の押し売りと感じるのは筆者だけであろうか。ICT 技術がさらに向上し，利用者側のリテラシーも向上し実際に利用可能な状況になってくれば，すべての旅客に対し一つの情報を提供し利用してもらうよりも，すべての旅客に対しさまざまな情報を提供し，それぞれの旅客が必要とするサービスを選択する方がよりスマートではないだろうか。その場合，旅客動線はぐるぐると迂回するよりも，ストレートに行き先がわかる方が良いのではないか。またそれは，大きなスーツケースを持つといった一時的な状況も含め，さまざまなハンディキャップを負ったすべての旅客にとっても良いのではないだろうか。必要があれば航空会社やビル会社の介助があっても良いかもしれないが，基本自力で簡単に移動等行動できる場の提供がより重要ではないだろうか。

6. ユニバーサルデザイン

空港をはじめ最近の供用を開始した施設は，トイレに限らずさまざまな面でユニバーサルデザインの考えが行き渡り大変使いやすいものになっている。かつてはバリアフリー対策といい，その前の段階は車いす対策といっていたが，その進展には目を見張るものがある。

航空局の関連するマニュアルの改訂を２回，羽田空港の国際線ビル（T3）の対策の検討に関与したが，今日のような状況にまで進むとは期待はするものの，確証はなかった。これも関係者の不断の努力によるものであろう。

最初の関与は 1993 年頃であるが，それまで「車いす対策」といっていたマニュアルの改定であった。欧米，特にアメリカの動きを勉強する中で，その対策が「車いす」に限定するものではなく，広くその他の障害も含め対応が必要と考えていた時代であった。そんな中にあって改訂版では「みんなが使いやすい」という言葉を使用した。これは，さまざまな障害への対応に加え，例えば妊婦であるとか大きな手荷物を携行するといった一時的なハンディキャップも含め，皆が使いやすい空港とは何かを考え使用した。また併せて，ハード面では行き渡らない面について，人によるケア（補助）を意識したものであった。

これからも関連する技術の革新・展開は，安全で使い勝手の良い空港の実現に寄与すると思う。一方で，人によるケアでの支援は，引き続き重要であろう。新型コロナ禍の影響が薄れる中満員電車の通勤が始まっているが，回りを見る余裕のない人がいかに多いことか。非日常である空港においては，この点違うと期待するところ，施設やサービスを提供する側だけでなく，空港を利用する側も含め皆が少しずつ気を配り，皆が快適に利用できる空間，空港は是非そうであって欲しい。

写真 終章-1　羽田空港のユニバーサルトイレ

日本空港ビルデング(株)協力の下撮影

おわりに

非常に広範囲ではあったが，空港に関連する基礎的な情報を紹介させて頂いた。紙面の関係上，また本書の位置づけの関係から各項目とも深掘りすることはできなかったので，興味を持たれた方は，巻末に掲載した参考図書へと進んでもらえれば幸いである。

本書では，空港はさまざまな業務で構成されるシステムであり，その空港も航空システムを構成するシステムのサブシステムであることを紹介しているが，これは，筆者が羽田空港事務所の次長を務めていた際に強く感じたことである。関係する業務を担当する者は，担当する業務が日々安全に効率良く遂行されるために業務を進めているが，他の業務で発生したトラブルが全体の業務にまで影響を与え，事案によっては空港閉鎖なども起こり得るものであるため，空港関係者は，常日頃からトラブル発生時の対応について準備を進めるとともに，関係者間の連携強化を進める必要がある。

もしかしたら将来，飛行機に乗らなくても瞬時に空間移動できる時代が来るかもしれない。それまでは航空機に搭乗するため空港へ出向くことになるが，日々変化する空港を楽しんでもらうとともに，その裏方で働いている多くの人を思い出してもらえると幸いである。そのうちさらに進化する空港について，報告できればと願うものである。

参考文献

『国土交通白書』 国土交通省　ぎょうせい（各年版）
『観光白書』 国土交通省編　国立印刷局・コミュニカ出版部（各年版）
「航空の利用状況」 国土交通省航空局
『空港管理状況報告書』国土交通省航空局
「交通政策審議会航空分科会資料」 国土交通省ホームページ
「空港土木設計の設置基準・同解説」 財団法人　港湾空港建設技術サービスセンター（平成 20 年 7 月）
「航空保安業務の概要 2008」 国土交通省航空局
「航空旅客動態調査報告書（平成 25 年度）」国土交通省航空局
「航空機騒音資料」 環境省ホームページ
「ACI 資料」 ACI ホームページ→国際空港評議会 ACI　11 年資料
「CAPA 資料」CAPA ホームページ
「国際民間航空機関 ICAO 第 14 付属書」（2004 年版） 航空振興財団
『数字で見る航空 2015』 国土交通省航空局監修　航空振興財団
『エアポートレビュー』国際空港ニュース社　バックナンバー
『空港の管理と運用』航空振興財団（平成 14 年 3 月）
『日本航空史』（財）日本航空協会　（平成 4 年）
『航空の経済学』 村上英樹ほか編著　ミネルヴァ書房（2006 年）
『交通ブックス 303　航空管制のはなし（七訂版）』 中野秀夫著　（財）交通研究協会・成山堂書店（2014 年）
『羽田 日本を担う拠点空港』 酒井正子著　成山堂書店（2005 年）
『交通ブックス 115　空港と鉄道』 佐藤芳彦著　（財）交通研究協会・成山堂書店（2004 年）
『空港経営と地域』 関西空港調査会監修　加藤一誠・引頭雄一・山内芳樹編著　成山堂書店
『災害と空港』 轟朝幸・引頭雄一編著　成山堂書店
『航空機と空港の役割』 唯野邦男著　成山堂書店
『世界の空港事典』 岩見宣治・唯野邦男・傍上清志編著　成山堂書店
『交通ブックス 313　進化する羽田空港』 唯野邦男著　成山堂書店
国土交通省航空局ホームページ
国土交通省九州地方整備局ホームページ
成田空港㈱ホームページ
その他航空機製造会社及び空港管理者ホームページ

索　引

【数字・英字】

1 層式 …… 93
1 層半式 …… 94
2 層式 …… 94
ACI …… 29
AGT …… 84
Airport Council International …… 28
Airport Surveillance Radar …… 77
Apron Taxiway …… 65
APU …… 81
ASR …… 77
Automated Guide-way Transit System …… 85
Auxiliary Power Unit …… 81
Baggage Handling System …… 92
BHS …… 92
Cargo Apron …… 69
Catering …… 79
Clearance …… 73
Close Parallel Punway …… 55
EMAS …… 175
Engineered materials arrestor system …… 175
Exit Taxiway …… 64
Finger System …… 83
Forwarder …… 99
Frontal System …… 82
FSA …… 17
Full Service Airline …… 17
GPU …… 69, 81
Ground Power Unit …… 69, 81
GS …… 75
Holding Bay …… 66
Hybrid System …… 88
ICAO …… 44
ICAO 付属書 …… 45
ILS …… 75
Instrument Landing System …… 75
Integrator …… 100
International Civil Aviation Organization …… 44
Intersection Runway …… 57
JET A-1 …… 78
LCC …… 17
Legacy Carrier …… 17
Linear System …… 87
LLZ …… 75
Loading Apron …… 68
Maintenance Apron …… 69
Night Stay Apron …… 69
Open Apron System …… 86
Open Parallel Runway …… 56
Open V Runway …… 56
Overrun Area …… 60
Papid Exit Taxiway …… 65
Parallel Taxiway …… 65
Passenger Boading Briage …… 71
Passenger Terminal Building …… 89
PBB …… 71
PI …… 145
Pier System …… 83
PTB …… 89
Refueler …… 78
Remote GateSystem …… 86
RESA …… 60, 175
Run up Apron …… 69
Runway End Safety Area …… 60, 175
Safety Management System …… 45
Satellite System …… 84
SD プラント …… 118
Secondary Surveillance Radar …… 76

SMS ………………………………… 45
SSP ………………………………… 45
SSR ………………………………… 77
State Safety Program ……………… 45
Taxi-in,Push-out ………………… 71
Taxiway ……………………………… 63
Turn around Pad ………………… 65
Unit Terminal System …………… 85
Universal Satety Oversight Audit
Programme ……………………… 46
USOAP ……………………………… 46
VOR/DME …………………………… 76

【ア行】

明日の日本を支える観光ビジョン… 11
アレスティングシステム………… 61
安全性能重視型…………………… 46
安全間隔…………………………… 73
安全管理システム………………… 45
インターセクション滑走路……… 58
インテグレーター………………… 100
埋立工事…………………………… 162
運航方式…………………………… 130
運輸省所管の大規模事業に係る環境影響
評価実施要領……………………… 150
エアサイド………………………… 82
エコエアポート協議会…………… 190
エプロン誘導路…………………… 65
円錐表面…………………………… 63
延長進入表面……………………… 63
大型消防車………………………… 113
オープンV滑走路 ……………… 56
オープンエプロン方式…………… 86
オープンスカイ…………………… 10
オープンハウス型………………… 173
オープンパラレル滑走路………… 56
汚水処理施設……………………… 118

【カ行】

カーゴエプロン…………………… 69
カーボンニュートラル…………… 189
海上空港…………………………… 36
階層計画…………………………… 93
過走帯……………………………… 60
滑走路端安全区域………… 60, 174
滑走路長…………………………… 51
滑走路方位………………………… 53
環境影響調査……………………… 151
環境影響評価……………………… 151
環境影響評価実施要領…………… 151
環境影響評価書…………………… 151
環境影響評価法…………………… 151
環境影響評価方法書……………… 151
緩傾斜石積護岸…………………… 162
寒冷地空港………………………… 115
協議会……………………………… 135
共用空港…………………………… 23
橋梁（桟橋）構造………………… 167
拠点空港…………………………… 23
拠点となる空港…………………… 134
緊急医療作業車…………………… 114
空港運営の在り方に関する検討会… 139
空港監視レーダー………………… 77
空港機能施設……………………… 135
空港機能施設事業………………… 135
空港コンセッション……………… 139
空港システム……………………… 41
空港整備基本計画………………… 153
空港整備特別会計法……………… 136
空港整備特別勘定………………… 137
空港整備法………………………… 131
空港ターミナル地域……………… 82
空港動力設備……………………… 79
空港の設置及び管理に関する基本方針…
………………………………………… 133
空港別利用者数…………………… 157

空港法……………………………… 22, 133
グライドスロープ…………………… 75
クリアランス………………………… 73
クリーンエリア……………………… 97
グルービング……………………… 115
クロースパラレル滑走路…………… 55
訓練用飛行場………………………… 34
計画基礎数値……………………… 155
計器着陸装置………………………… 75
ケータリング………………………… 79
ゲートセキュリティ方式………… 198
ゲートラウンジ……………………… 91
検疫…………………………………… 92
公共用ヘリポート…………………… 26
航空会社上屋……………………… 101
航空貨物代理店上屋……………… 101
航空管制運航業務………………… 112
航空管制技術業務………………… 112
航空管制業務……………………… 112
航空機使用事業……………………… 35
航空機騒音に係る環境基準……… 130
航空機騒音防止法………………… 129
航空システム………………………… 41
航空需要予測値…………………… 155
航空灯火……………………………… 78
航空保安業務……………………… 112
航空保安施設………………………… 74
航空法……………………………… 22, 131
航空輸送の自由………………………… 8
航空旅客動態調査………………… 104
高速脱出誘導路……………………… 65
公聴会……………………………… 150
交通機関別地域間交通量………… 157
小型機専用空港……………………… 35
国際空港評議会……………………… 28
国際民間航空機関…………………… 44
国土交通省における公共事業改革への
　取組み…………………………… 145
国家安全プログラム………………… 45
コンセッション……………………… 91

【サ行】

サービサー…………………………… 79
再評価……………………………… 159
サテライト方式……………………… 84
サンドドレーン工法……………… 161
シカゴ条約…………………………… 23
事後評価…………………………… 159
自走式………………………………… 71
指定空港機能施設事業者………… 135
自動運転の軌道システム…………… 84
自動車安全特別会計……………… 137
社会資本整備特別会計…………… 136
重整備………………………………… 79
従来型航空会社……………………… 17
出入国管理…………………………… 92
出発カーブサイド…………………… 91
出発ロビー…………………………… 91
植物防疫……………………………… 92
新規事業採択時評価……………… 159
進入表面……………………………… 61
水平表面…………………………… 61, 63
スノースイーパー………………… 116
スノープラウ……………………… 116
税関検査場…………………………… 92
制限表面……………………………… 61
接車フロント長…………………… 106
全国生成交通量…………………… 156
セントラルセキュリティ方式…… 198
消防指令車………………………… 114
外側水平表面………………………… 63
その他空港…………………………… 23
空飛ぶクルマ……………………… 190
空の移動革命に向けた官民協議会… 190

【タ行】

ダーティエリア……………………… 97
ターニングパッド…………………… 66

ターミナルコンセプト……………… 82
第３種空港 ……………………… 132
第３セクター方式 ……………… 131
第２種空港（A）………………… 132
第２種空港（B）………………… 132
ダイバート……………………… 116
タクシー・バスプール…………… 107
ダブルデッキ…………………… 94
地域間分布交通量………………… 157
地域別発生交通量………………… 156
地域冷暖房システム……………… 117
チェックインロビー……………… 91
地方管理空港………………… 23, 135
着陸帯…………………………… 59
定期点検整備…………………… 79
鉄道アクセス…………………… 104
手荷物取扱システム……………… 92
転移表面………………………… 61
東京国際空港沖合展開計画……… 163
搭乗橋………………………… 71, 92
動線計画………………………… 94
到着カーブサイド………………… 91
到着ロビー……………………… 91
動物防疫………………………… 91
都心上空飛行…………………… 172
取付誘導路……………………… 65

【ナ行】

ナイトステイエプロン…………… 69
二次監視レーダー………………… 76
日米地位協定…………………… 23
ノーズイン・プッシュアウト方式… 71

【ハ行】

バーティポート…………………… 191
バードストライク………………… 114
ハイドランド…………………… 68
ハイドランドシステム…………… 79
ハイブリッド構造……………… 37, 167
ハイブリッド方式………………… 88
バゲージクレーム………………… 91
バゲージハンドリングシステム…… 92
バスラウンジ…………………… 91
発生源対策……………………… 130
パブリック・インボルブメント…… 146
バリアフリー…………………… 98
ピア方式………………………… 83
ピープルムーバー………………… 85
飛行場管制室…………………… 112
飛行場証明制度………………… 48
飛行場標識施設………………… 78
費用便益比……………………… 159
フィンガー方式………………… 83
フォワーダー…………………… 99
フライトプラン………………… 112
ブラスト………………………… 73
フレーター……………………… 7
プロバイダ……………………… 43
フロンタル方式………………… 82
平行誘導路……………………… 65
ベリーカーゴ…………………… 7
保安区域………………………… 97
保安検査場……………………… 91
ボーディングブリッジ…………… 72
ホールディングベイ……………… 66
歩行補助システム………………… 92
補助動力装置…………………… 79

【マ行】

マーカー………………………… 75
マヨネーズ層…………………… 164
ミッドフィールド・ターミナルコンセプト
……………………………… 88
民間資金等の活用による公共施設等の
促進に関する法律……………… 141
民間の能力を活用した国管理空港等の
運営等に関する法律…………… 141
ムービングサイドウォーク……… 85

無停電装置……………………………… 117
メンテナンスエプロン……………… 69
モーターグレーダー………………… 116
モービルラウンジ…………………… 87

【ヤ行】

誘導路………………………………… 64
ユニットターミナル方式…………… 85
ユニバーサルデザイン……………… 98
予定告示……………………………… 150

【ラ行】

落下物防止対策基準………………… 174
ランドサイド………………………… 82
ランナップエプロン………………… 70
離着陸区域…………………………… 82
リップラップ工法…………………… 166
リニア方式…………………………… 87
リモートゲート方式………………… 86
旅客ターミナル……………………… 89
旅客取扱施設利用料………………… 135
レギュレーター……………………… 43
レフューラー………………………… 78
ローカライザー……………………… 75
ロータリー…………………………… 116
ローディングエプロン……………… 68

「交通ブックス」の刊行にあたって

私たちの生活の中で交通は，大昔から人や物の移動手段として，重要な地位を占めてきました。交通の発達の歴史が即人類の発達の歴史であるともいえます。交通の発達によって人々の交流が深まり，産業が飛躍的に発展し，文化が地球規模で花開くようになっています。

交通は長い歴史を持っていますが，特にこの二百年の間に著しく発達し，新しい交通手段も次々に登場しています。今や私たちの生活にとって，電気や水道が不可欠であるのと同様に，鉄道やバス，船舶，航空機といった交通機関は，必要欠くべからざるものになっています。

公益財団法人交通研究協会では，このように私たちの生活と深い関わりを持つ交通について少しでも理解を深めていただくために，陸海空のあらゆる分野からテーマを選び，「交通ブックス」として，さしあたり全100巻のシリーズを，(株)成山堂書店を発売元として刊行することにしました。

このシリーズは，高校生や大学生や一般の人に，歴史，文学，技術などの領域を問わず，さまざまな交通に関する知識や情報をわかりやすく提供することを目指しています。このため，専門家だけでなく，広くアマチュアの方までを含めて，それぞれのテーマについて最も適任と思われる方々に執筆をお願いしました。テーマによっては少し専門的な内容のものもありますが，出来るだけかみくだいた表現をとり，豊富に写真や図を入れましたので，予備知識のない人にも興味を持っていただけるものと思います。

本シリーズによって，ひとりでも多くの人が交通のことについて理解を深めてくだされば幸いです。

公益財団法人交通研究協会

理事長　住 田 親 治

著者略歴

岩見　宣治（いわみ　よしはる）

1948年兵庫県生まれ

1973年　東京大学工学部都市工学科修士課程修了

同年に運輸省に入省，

以降　空港計画・建設，空港環境対策等の航空行政に従事。

運輸省航空局建設課長，国土交通省航空保安大学校長，同大阪航空局長を歴任のうえ，2004年に国土交通省を退職。

05年から07年まで独立行政法人航空大学校理事長。

著書に「空港の管理と運用」（航空振興財団発行），
「空港ターミナル地域計画講座」（国際空港ニュース社）など

長谷川　武（はせがわ　たけし）

1960年熊本県生まれ

現職　空港施設株式会社上席執行役員空港企画部長

1984年　熊本大学工学部建築学科卒業

同年に運輸省（現国土交通省）に入省，以降，空港の計画・建設，環境対策，管理・運用等の航空行政に従事。

宮城県空港対策課長，JICA専門家（タイ国へ派遣，スワンナプーム空港の開港準備），国土交通省航空局空港計画課長，国土交通省航空保安大学校長を歴任のうえ，2020年4月に国土交通省を退職。

交通ブックス307

新訂空港《くうこう》のはなし

定価はカバーに
表示してあります。

2008年9月18日　初版発行
2024年3月18日　新訂再版発行

著　者　岩見宣治・長谷川武

発行者　公益財団法人交通研究協会
理事長　住田親治

印　刷　三和印刷株式会社

製　本　東京美術紙工協業組合

発売元　株式会社成山堂書店

〒160-0012　東京都新宿区南元町4番51　成山堂ビル

TEL：03（3357）5861　　FAX：03(3357)5867

URL　https://www.seizando.co.jp

落丁・乱丁本はお取り換えいたしますので，小社営業チーム宛にお送りください。

Printed in Japan　ISBN978-4-425-77764-8